CAPTAIN LASERHAWK
A BLOOD DRAGON REMIX

SCÉNARIO : **FAOUZ. B**
SUPERVISÉ PAR **ADI SHANKAR**

DESSIN ET COULEUR : **GRELIN**

Basé sur la série créée par Adi Shankar

Glénat | UBISOFT

CHAPITRE 1

UNE ÉPAVE

BIENVENUE À MEGA CITY 4 !
SALT and PEPPER
EGO
FUCHIKOMA
B-TERASAWA
WOH
ET COMMENT AVEZ-VOUS ABORDÉ CE RÔLE ? VOUS Y ÊTES TELLEMENT BOULEVERSANT.
MERCI, RAYMAN. VOUS SAVEZ, JE VOULAIS PRENDRE DES RISQUES.
C'ÉTAIT IMPORTANT POUR MA CARRIÈRE. ET JE TIENS À PROFITER DE L'OCCASION POUR REMERCIER TOUS MES FANS !
VOUS AVEZ FRANCHI UN CAP, AVEC CE NOUVEAU FILM, VOUS NE TROUVEZ PAS ?
OUI, AVEC CE RÔLE, JE ME SUIS VRAIMENT MIS EN DANGER...
« MIS EN DANGER » ? SÉRIEUX ?
SI SEULEMENT ILS POUVAIENT APPRENDRE À FERMER LEURS GUEULES...

BL
BL
TROIS SEMAINES ET AUCUN APPEL DE LINDA.
SHT
EDEN TAXIS, BONJOUR. VEUILLEZ NOUS COMMUNIQUER VOTRE IDENTIFIANT DE BLOC, S'IL VOUS PLAÎT.
UN TAXI POUR LE BLOC 110.A.BS
ADRESSE ENREGISTRÉE. VEUILLEZ NE PAS RACCROCHER. NOUS ALLONS VOUS METTRE EN RELATION AVEC UN...

VMMM
NOUS SOMMES ARRIVÉS À DESTINATION.
MERCI D'AVOIR UTILISÉ EDEN TAXIS. UNE SOLUTION SIMPLE.
BLUE HYPE
VH
PRATIQUE POUR VOS DÉPLA...
LA FERME !
HEY, MUTE ! BEN ALORS ON TE VOYAIT PLUS.
SALUT, TERENCE.
TAHH AH TADTAPTAPTAHH AH TA
C'EST PAS GRATUIT, MUTE.
AH TADTAPTAPTAHH AH TADTA
SKOL !

DÉGUEU...
BLURP
NON !
Y A LES CHIOTTES POUR ÇA !
P'TAIN ! J'AI ENVIE DE GERBER !
ALLEZ, VIREZ CETTE GROSSE MERDE.
BARVRH
RENTRE CHEZ TOI, MAINTENANT.
RENTRER ? POURQUOI ? POUR QUI ?
VAS-Y FAIS PAS CHIER, MUTE ! DÉGAGE !
LÂCHEZ-MOI BANDE DE GROS NAZES.
SH
PAUV' MALADE.

QUI PEUT CROIRE...
... UNE TELLE CONNERIE ?!
DOLPH LASERHAWK
ENNEMI PUBLIC
NUM. 3
UN SOUCI ?
BLURP
RH
PAS MOYEN DE GERBER TRANQUILLE, CE SOIR ?!
CLIC
BAISSE TON FROC ET TOUT SE PASSERA BIEN.
ÊTRE VICTIME DE VIOLENCE ÇA SE RÉSUME SOUVENT À TROIS CHOSES.
ÊTRE AU MAUVAIS ENDROIT, AU MAUVAIS MOMENT AVEC...

... LA MAUVAISE PERSONNE.
KPAH
A PRIORI, C'ÉTAIT PAS SON JOUR DE CHANCE.
DURANT MON ADOLESCENCE PUIS À L'ARMÉE...
J'AI APPRIS À FRAPPER POUR FAIRE MAL...
VRAIMENT MAL.

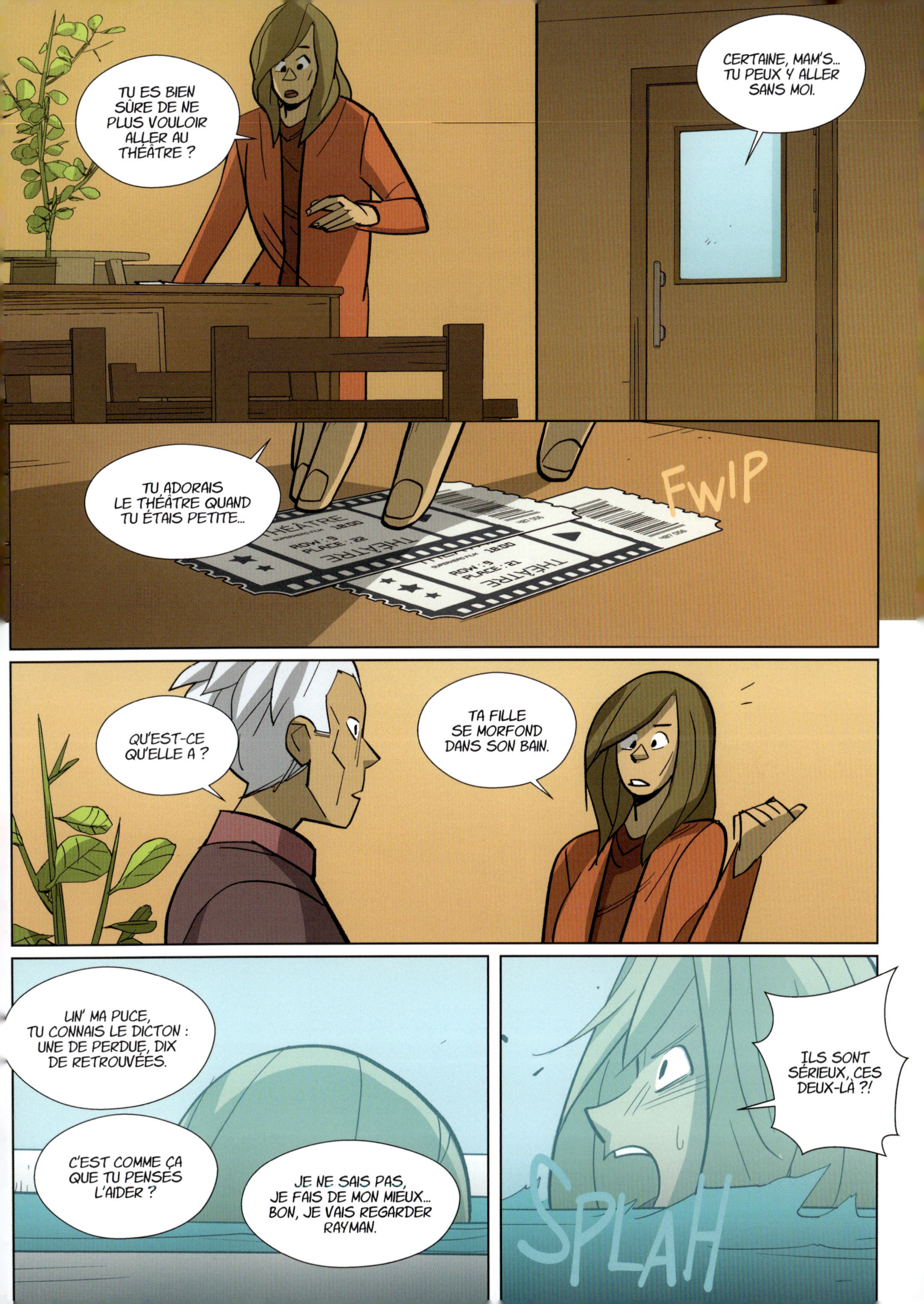
TU ES BIEN SÛRE DE NE PLUS VOULOIR ALLER AU THÉÂTRE ?
CERTAINE, MAM'S... TU PEUX Y ALLER SANS MOI.
TU ADORAIS LE THÉÂTRE QUAND TU ÉTAIS PETITE...
FWIP
THÉÂTRE
ROW : 8
PLACE : 12
THÉÂTRE
ROW : 8
PLACE : 12
QU'EST-CE QU'ELLE A ?
TA FILLE SE MORFOND DANS SON BAIN.
LIN' MA PUCE, TU CONNAIS LE DICTON : UNE DE PERDUE, DIX DE RETROUVÉES.
C'EST COMME ÇA QUE TU PENSES L'AIDER ?
JE NE SAIS PAS, JE FAIS DE MON MIEUX... BON, JE VAIS REGARDER RAYMAN.
ILS SONT SÉRIEUX, CES DEUX-LÀ ?!
SPLAH

CIBLE AU 5E ÉTAGE.
MONSIEUR, NOUS SOMMES EN POSITION.
L'HOMME A EN SA POSSESSION L'OBJECTIF. IL ME LE FAUT COÛTE QUE COÛTE.
BIEN REÇU, MONSIEUR. NOUS LANÇONS L'OPÉRATION.
CUT
EXTINCTION DES FEUX.
SHHH
GO. GO. GO.

UNE COUPURE D'ÉLECTRICITÉ ?
ON DIRAIT BIEN.
BIZARRE, LE RESTE DU QUARTIER EST ÉCLAIRÉ, POURTANT.
BLH BLH
MUTE
KRAK
QU'EST-CE QU...

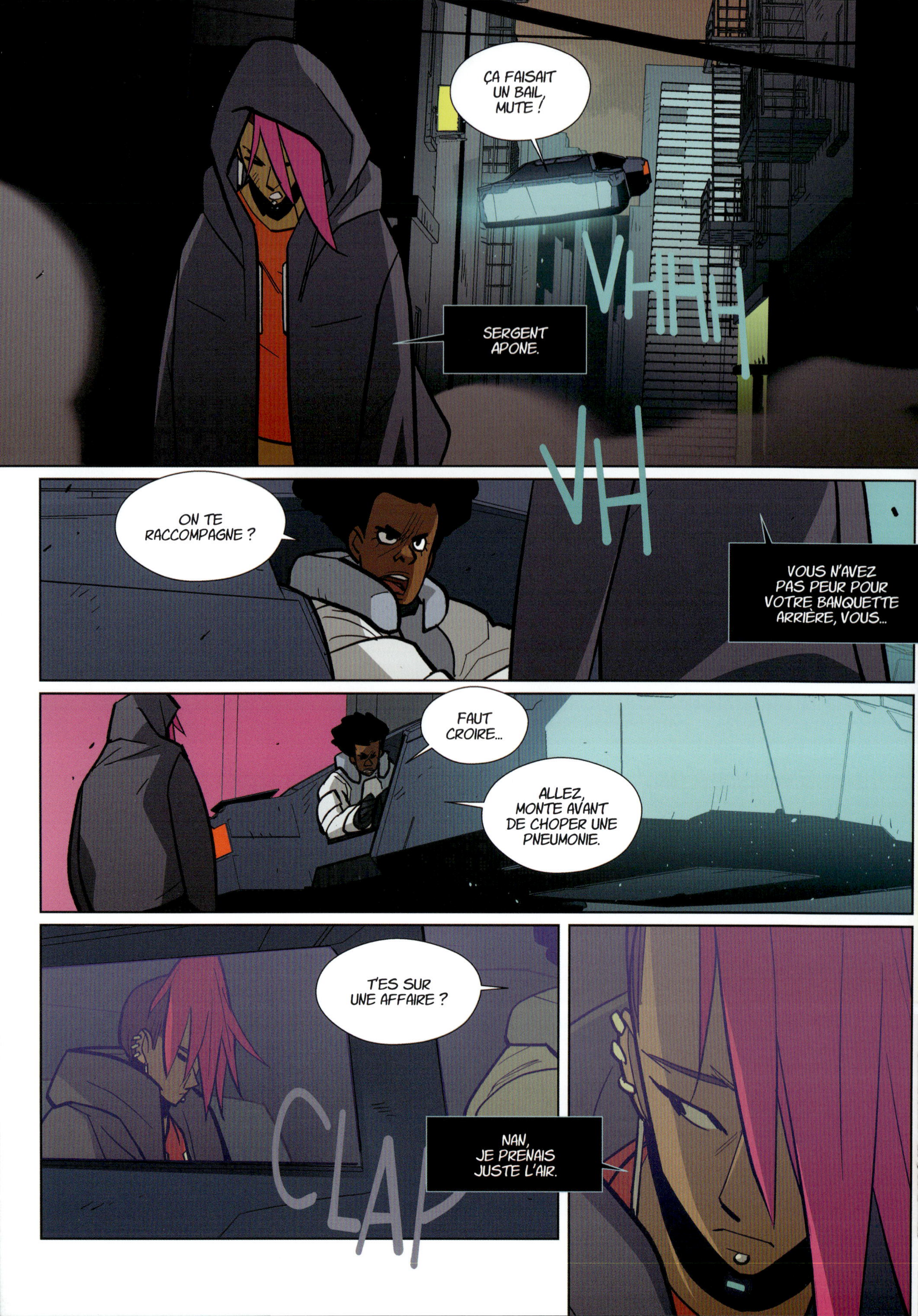
ÇA FAISAIT UN BAIL, MUTE !
SERGENT APONE.
VHHH
VH
ON TE RACCOMPAGNE ?
VOUS N'AVEZ PAS PEUR POUR VOTRE BANQUETTE ARRIÈRE, VOUS...
FAUT CROIRE...
ALLEZ, MONTE AVANT DE CHOPER UNE PNEUMONIE.
T'ES SUR UNE AFFAIRE ?
CLAP
NAN, JE PRENAIS JUSTE L'AIR.

WIIIP
DIS-NOUS OÙ TU LA CACHES ?
FWA
JE NE SAIS PAS DE QUOI VOUS PARLEZ...
POUR LA DERNIÈRE FOIS...
OÙ EST-CE QUE TU L'AS PLANQUÉE ?
RÉPONDS, PUTAIN...
S'IL TE PLAÎT, ELENA...

EDEN T. LE MEILLEUR AUTOPILOTAGE...
WIII
WAH
... POUR LA PLUS AUTONOME DES VOITURES.
E. HICKS
DÉTECTIVE PRIVÉE
EDEN BURGERS : LES MEILLEURS PRODUITS...
E. HICKS
DÉTECTIVE PRIVÉE
... ONT ÉTÉ SÉLECTIONNÉS PAR LES MEILLEURS NUTRITIONNISTES D'EDEN.
POUR VOUS.
POUR VOTRE BIEN.
N'OUBLIEZ PAS, POUR VOTRE SANTÉ, MANGEZ CINQ EDEN BURGERS PAR JOUR.
TÛT... TÛT... TÛT...

CHAPITRE 2
BROTHERS IN ARMS

LE QUOTIDIEN D'UNE UNITÉ SPÉCIALE EST VARIÉ. ET ENTRE DEUX GROSSES PÉRIODES DE GLANDE, OFFICIELLEMENT :
- ON LIBÈRE DES OTAGES.
- ON PROTÈGE NOS CONCITOYENS.

OFFICIEUSEMENT, ÇA CONSISTE À DÉFENDRE LES SACRO-SAINTS INTÉRÊTS DU PAYS :
- ÉLIMINER UN BARON DE LA DROGUE, CHECK ☑
- RÉDUIRE AU SILENCE UN OPPOSANT POLITIQUE, CHECK ☑
- FAIRE VACILLER UN CONGLOMÉRAT D'UN PAYS ÉTRANGER, CHECK ☑
- FORMER DES TERRORISTES ET LEUR APPORTER UN SOUTIEN LOGISTIQUE, CHECK

MAIS SABOTER LES INSTALLATIONS SECRÈTES D'UN SCIENTIFIQUE PSYCHOPATHE, ÇA C'ÉTAIT UNE PREMIÈRE.
STIMULÉS PAR L'EMBRIGADEMENT...
RATA TA TA
ET LES DROGUES DE COMBAT...
RA
CAM 09 - B6 sect. OUT
TA TA RA
NOUS ÉTIONS MÊME PRÊTS À ACCEPTER...
RA
TA
CAM 09 - B8 sect. OUT
QUELQUES DOMMAGES COLLATÉRAUX.

SOLDAT STRENGTHEN, AU RAPPORT !
MON CAPITAINE. UN MORT. DEUX BLESSÉS LÉGERS.
ET LE DOCTEUR MORE S'EST ENFUI.
DOLPH...
TU PRENDS LA CIBLE EN CHASSE.
MORT ?
OU VIF ?
IDÉALEMENT VIVANT... LES HUILES ONT BESOIN DE LUI ET DE SES LÉZARDS.
HICKS, TU COUVRES LES ARRIÈRES DU LIEUTENANT.
OK, CAP'TAINE.
FWIP
LES CYBER-BAVARDS, FAITES GAFFE, Y A DE DRÔLES DE BESTIAUX DANS LE COIN.

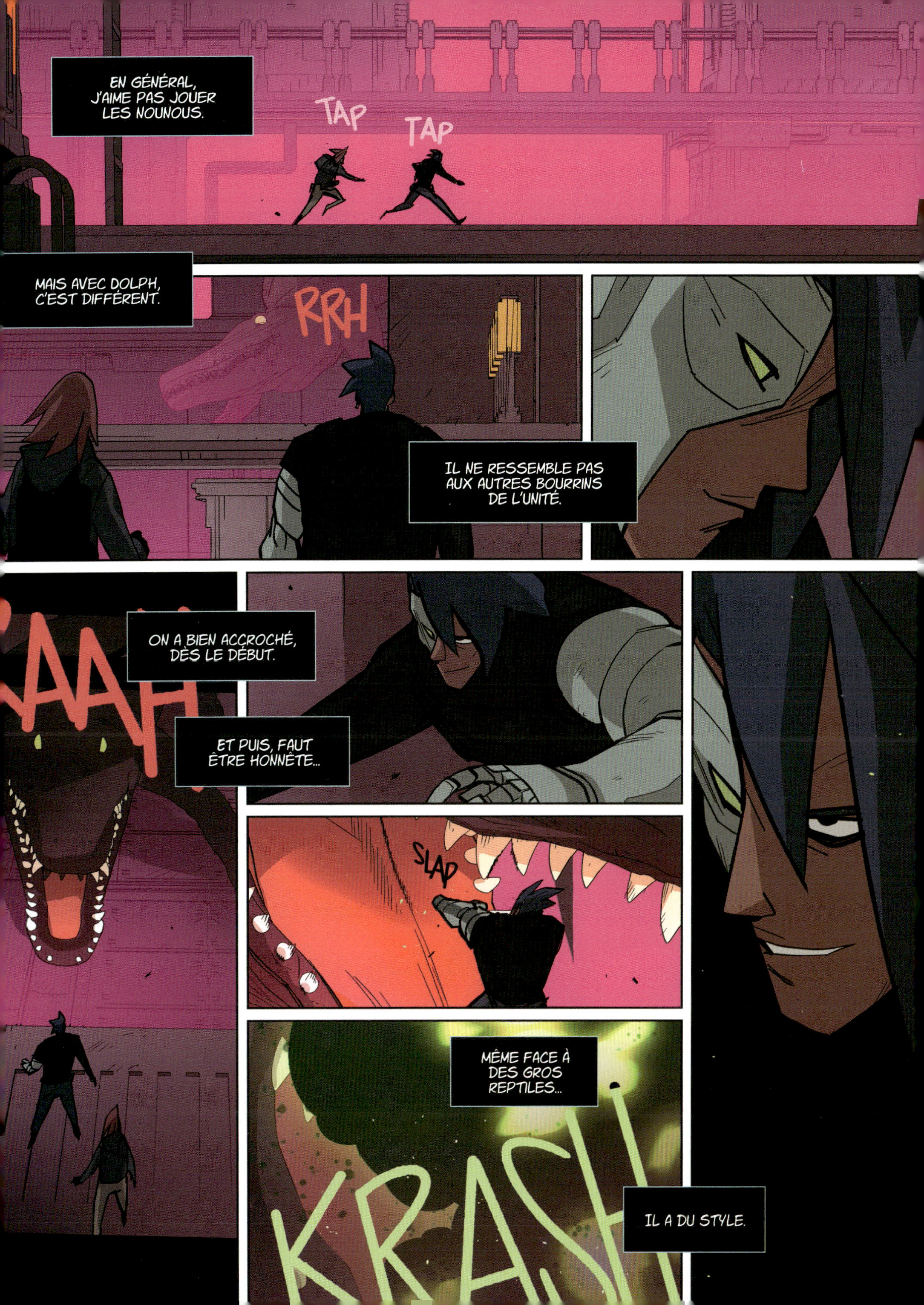
EN GÉNÉRAL, J'AIME PAS JOUER LES NOUNOUS.
TAP
TAP
MAIS AVEC DOLPH, C'EST DIFFÉRENT.
RRH
IL NE RESSEMBLE PAS AUX AUTRES BOURRINS DE L'UNITÉ.
AAH
ON A BIEN ACCROCHÉ, DÈS LE DÉBUT.
ET PUIS, FAUT ÊTRE HONNÊTE...
SLAP
MÊME FACE À DES GROS REPTILES...
KRASH
IL A DU STYLE.

MUTE, ILS SONT LÀ-HAUT.
JE VAIS DEVOIR M'ENVOLER !
SHH
TU FAIS CHIER !
DOCTEUR MORE...
C'EST TERMINÉ.
SLAM
AU CONTRAIRE. ÇA NE FAIT QUE COMMENCER.
YAH... NON... DOCTEUU...
CHOP
J'AI UNE OTAGE.
VOUS NE M'ARRÊTEREZ PAS.
BAISSE TON CANON OU JE LA BALANCE DE LA PASSERELLE.
SH
DU CALME, DOC !

MUTE ?
MUTE… TU GÈRES ?
VIMM
COMME D'HAB' !
VHH
VH

AAAAH !
TA TAP
MES BLEUSAILLES, VOUS AVEZ BIEN MÉRITÉ UNE...
TOURNÉE GÉNÉRALE !
C'ÉTAIT LE RITUEL. ON ACCOMPLISSAIT NOTRE MISSION. ON PURIFIAIT LE MONDE DES CRAPULES ET ON ALLAIT BOIRE QUELQUES BOUTEILLES DANS UN RADE.
ON BUVAIT À LA SANTÉ DES VIVANTS ET ON CONTINUAIT À BEUGLER JUSQU'AU PETIT MATIN...
DES CHANTS EN L'HONNEUR DE CEUX QUI ÉTAIENT TOMBÉS.
INSERT COIN
ROBOTECTOR
INSERT COIN
UN AN APRÈS CETTE MISSION, L'UNITÉ ÉTAIT DISSOUTE ET ON LA REMPLAÇA PAR DES CYBER-COMMANDOS.

WAOUH... MUTE... QUI JOUE AUX JEUX VIDÉO ?
TI
TI
EH OUI, DOLPH.
TIP
TI
ROBOT PIG
SH START
« IL A ÉTÉ PROUVÉ QU'ILS FAVORISAIENT LA COORDINATION ŒIL-MAIN... »
TIP
« LA RÉSOLUTION DE PROBLÈMES... »
« ET LA CONFIANCE. »
TIP
« J'AJOUTERAI QU'AUCUNE ÉTUDE SÉRIEUSE N'A PU DÉMONTRER LE MOINDRE LIEN ENTRE JEUX VIDÉO ET... »
TAP
TI
TI
« VIOLENCE. »

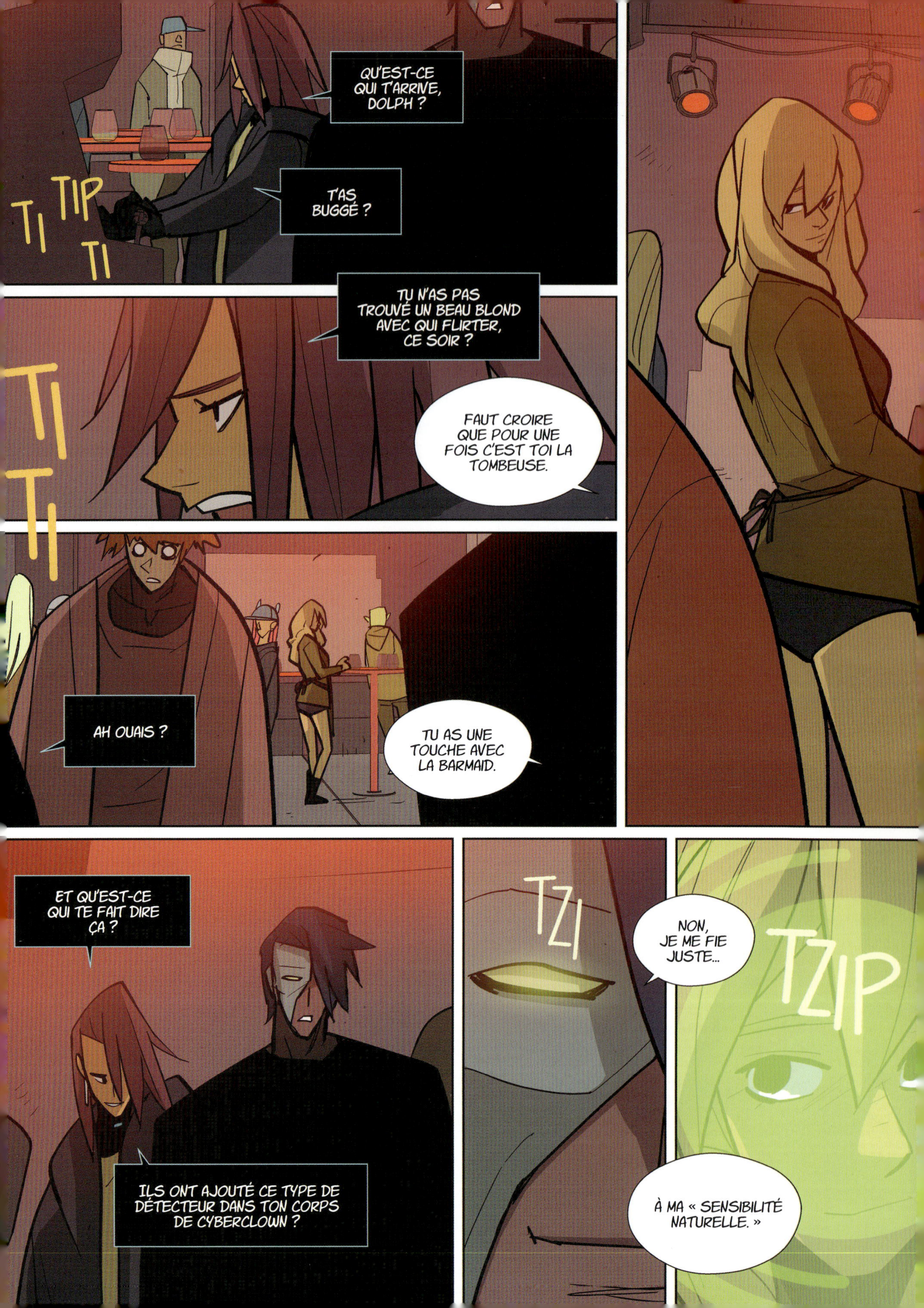
QU'EST-CE QUI T'ARRIVE, DOLPH ?
T'AS BUGGÉ ?
TI TIP TI
TU N'AS PAS TROUVÉ UN BEAU BLOND AVEC QUI FLIRTER, CE SOIR ?
TI TI TI
FAUT CROIRE QUE POUR UNE FOIS C'EST TOI LA TOMBEUSE.
AH OUAIS ?
TU AS UNE TOUCHE AVEC LA BARMAID.
ET QU'EST-CE QUI TE FAIT DIRE ÇA ?
ILS ONT AJOUTÉ CE TYPE DE DÉTECTEUR DANS TON CORPS DE CYBERCLOWN ?
TZI
NON, JE ME FIE JUSTE...
TZIP
À MA « SENSIBILITÉ NATURELLE. »

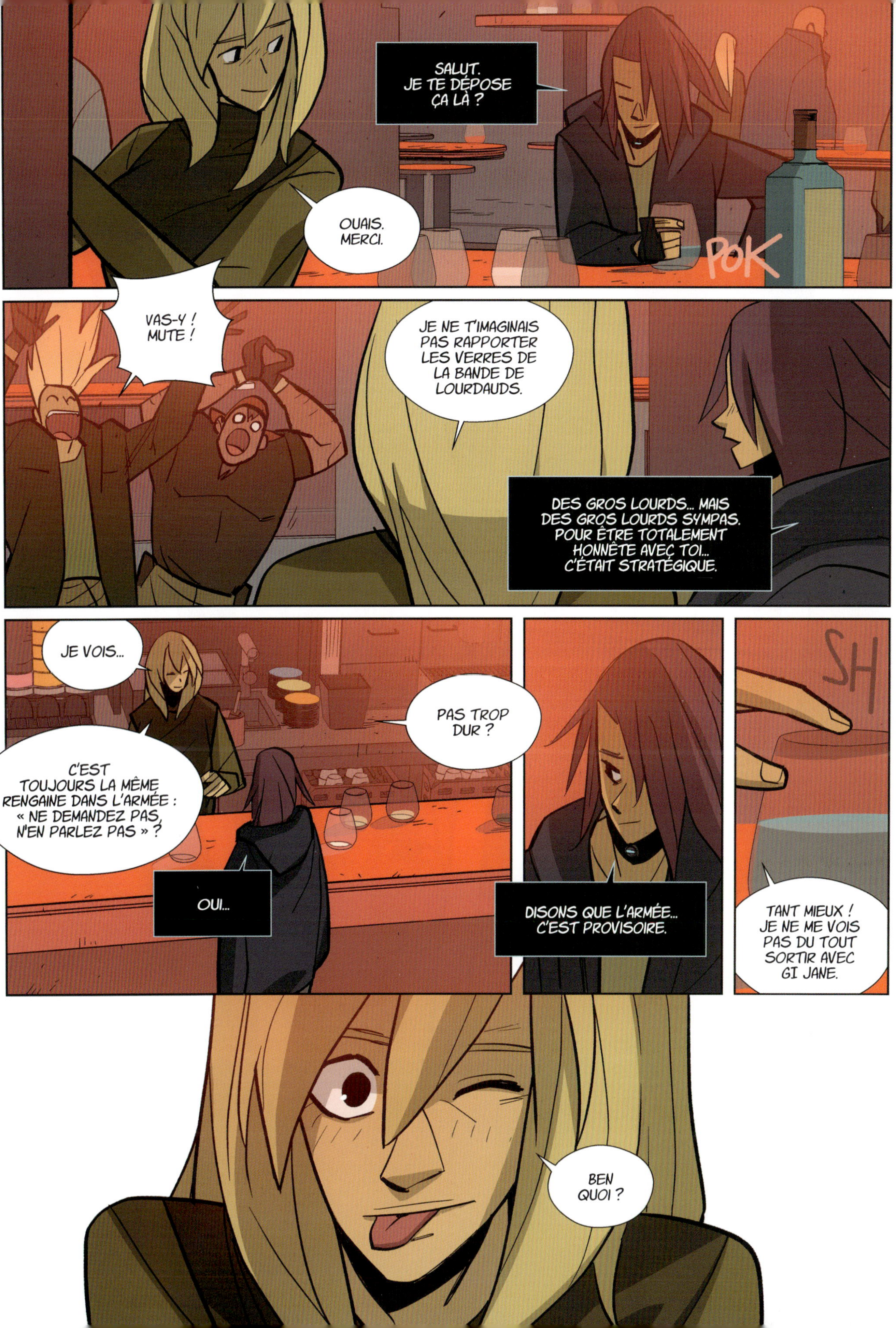
SALUT.
JE TE DÉPOSE
ÇA LÀ ?
OUAIS.
MERCI.
POK
VAS-Y !
MUTE !
JE NE T'IMAGINAIS
PAS RAPPORTER
LES VERRES DE
LA BANDE DE
LOURDAUDS.
DES GROS LOURDS... MAIS
DES GROS LOURDS SYMPAS.
POUR ÊTRE TOTALEMENT
HONNÊTE AVEC TOI...
C'ÉTAIT STRATÉGIQUE.
JE VOIS...
PAS TROP
DUR ?
C'EST
TOUJOURS LA MÊME
RENGAINE DANS L'ARMÉE :
« NE DEMANDEZ PAS,
N'EN PARLEZ PAS » ?
OUI...
DISONS QUE L'ARMÉE...
C'EST PROVISOIRE.
SH
TANT MIEUX !
JE NE ME VOIS
PAS DU TOUT
SORTIR AVEC
GI JANE.
BEN
QUOI ?

CE QUI SUIVIT FURENT (SANS AUCUN DOUTE) LES CINQ PLUS BELLES ANNÉES DE MA VIE.
AVEC L'AIDE DE LINDA, J'AI QUITTÉ L'ARMÉE.
J'AI REJOINT BRIÈVEMENT LA POLICE.
FINALEMENT, JE SUIS DEVENUE DÉTECTIVE PRIVÉE.
ET...
ET... ELLE EST PARTIE.

CHAPITRE 3

UN SILENCE DE MORT

TU VEUX MON AVIS ?
NÉGATIF.
VRII
VIII
VIIII
ÇA POURRAIT ÊTRE ELLE...
VMMM
... ANCIENNE MILITAIRE.
ET ALORS ?
WIII
CONNUE POUR ÊTRE VIOLENTE.
PAS SUFFISANT.
UN DERNIER ARGUMENT IMPARABLE.
DIS TOUJOURS.
DRING
E. HICKS
DÉTECTIVE PRIVÉE
C'EST UNE ANCIENNE FLIC.
BIEN TENTÉ... MAIS LE SERGENT APONE A CONFIRMÉ DANS SON RAPPORT QU'ELLE ÉTAIT AVEC EUX AU MOMENT DES FAITS.
DRING

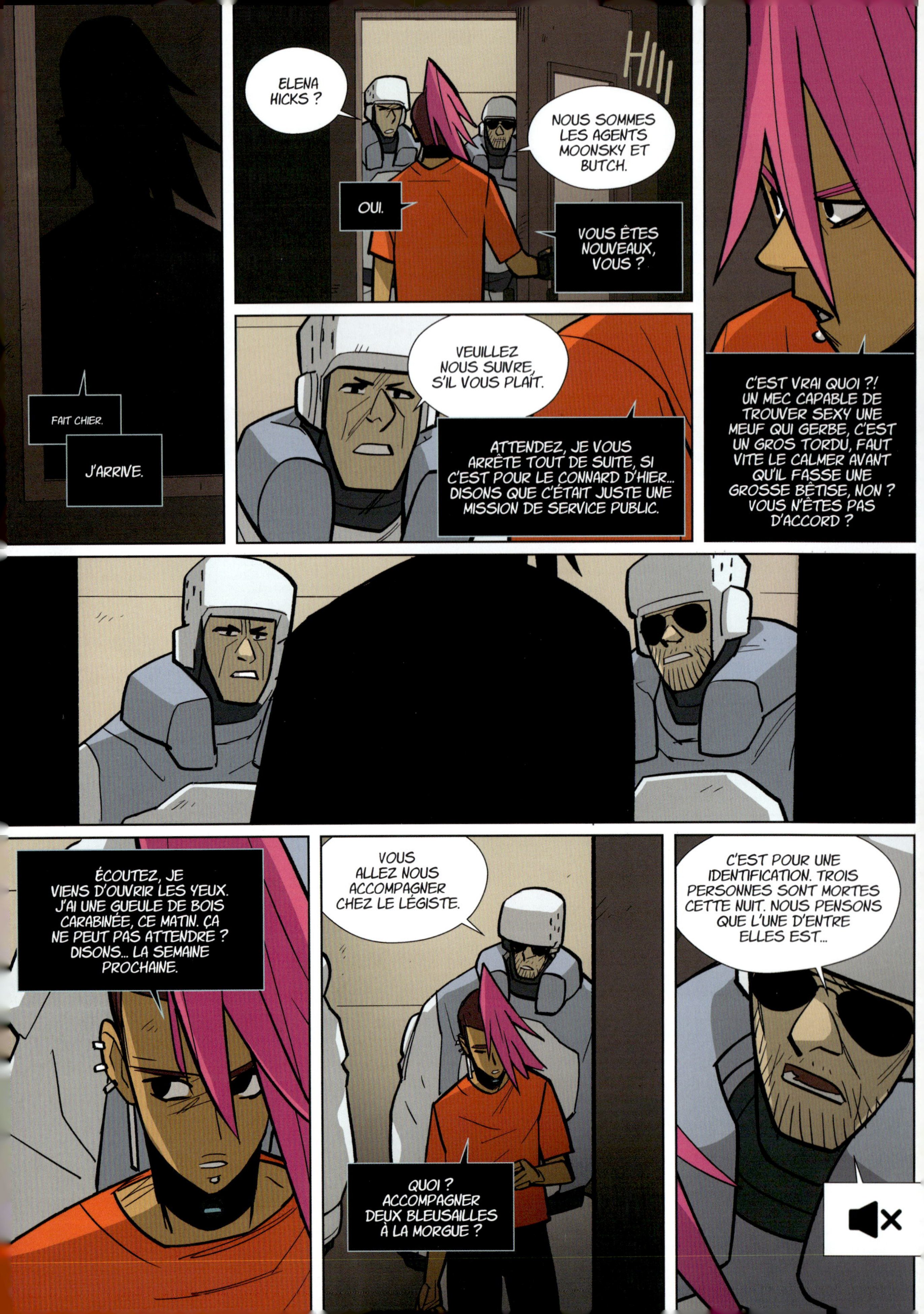
ELENA HICKS ?
OUI.
NOUS SOMMES LES AGENTS MOONSKY ET BUTCH.
VOUS ÊTES NOUVEAUX, VOUS ?
HIII
VEUILLEZ NOUS SUIVRE, S'IL VOUS PLAÎT.
ATTENDEZ, JE VOUS ARRÊTE TOUT DE SUITE, SI C'EST POUR LE CONNARD D'HIER... DISONS QUE C'ÉTAIT JUSTE UNE MISSION DE SERVICE PUBLIC.
C'EST VRAI QUOI ?! UN MEC CAPABLE DE TROUVER SEXY UNE MEUF QUI GERBE, C'EST UN GROS TORDU, FAUT VITE LE CALMER AVANT QU'IL FASSE UNE GROSSE BÊTISE, NON ? VOUS N'ÊTES PAS D'ACCORD ?
FAIT CHIER.
J'ARRIVE.
ÉCOUTEZ, JE VIENS D'OUVRIR LES YEUX. J'AI UNE GUEULE DE BOIS CARABINÉE, CE MATIN. ÇA NE PEUT PAS ATTENDRE ? DISONS... LA SEMAINE PROCHAINE.
VOUS ALLEZ NOUS ACCOMPAGNER CHEZ LE LÉGISTE.
QUOI ? ACCOMPAGNER DEUX BLEUSAILLES À LA MORGUE ?
C'EST POUR UNE IDENTIFICATION. TROIS PERSONNES SONT MORTES CETTE NUIT. NOUS PENSONS QUE L'UNE D'ENTRE ELLES EST...

CLAP
CLAH
VMMMM

FWIP
NON !

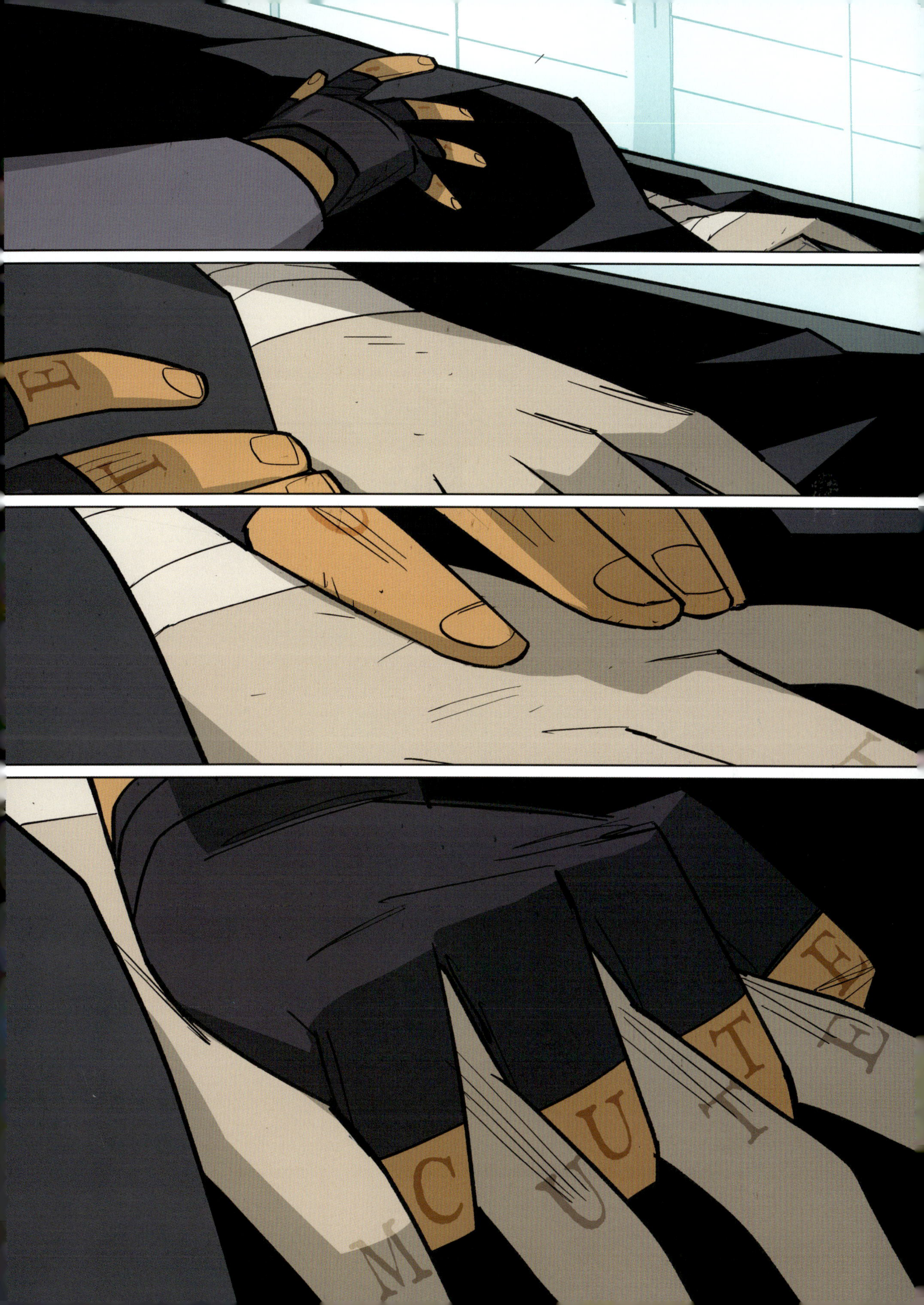

GLING
1 APPEL MANQUÉ DE : CUTE
17 APPELS MANQUÉS DE : MOM
12 APPELS MANQUÉS DE : PAPA
3 APPELS MANQUÉS DE : NUMÉRO INCONNU
TAP
TAP
TAP

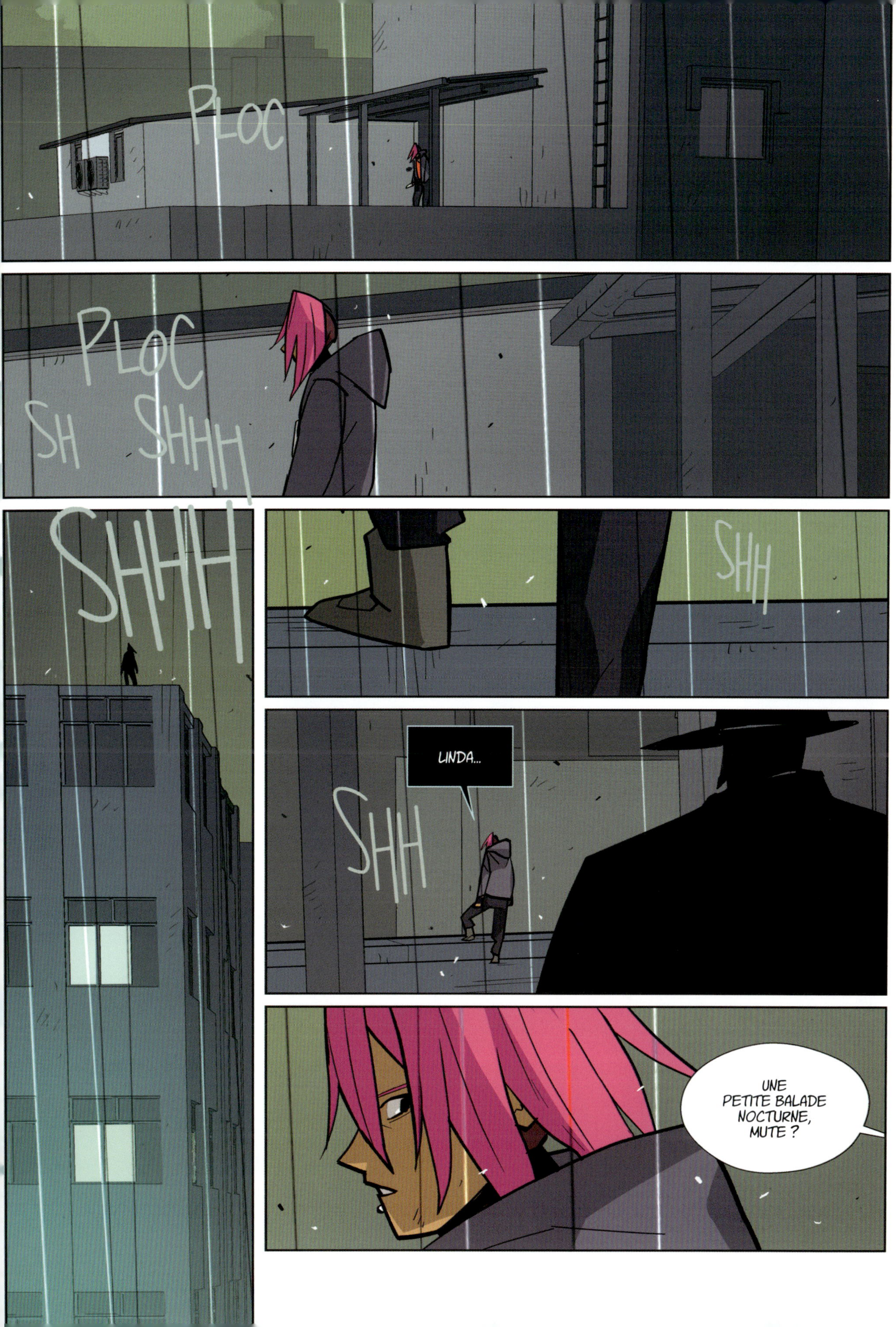
PLOC
PLOC
SH SHHH
SHHH
SHH
LINDA...
SHH
UNE PETITE BALADE NOCTURNE, MUTE ?

DOLPH...
C'EST VRAIMENT TOI ? T'ES VRAIMENT LÀ ?
OUI, MUTE.
TU NE RÉPONDAIS PAS AU TÉLÉPHONE.
JE SUIS PASSÉ VOIR COMMENT TU ALLAIS.
SHHHH
J... JE...
ÇA VA PAS FORT.
SH

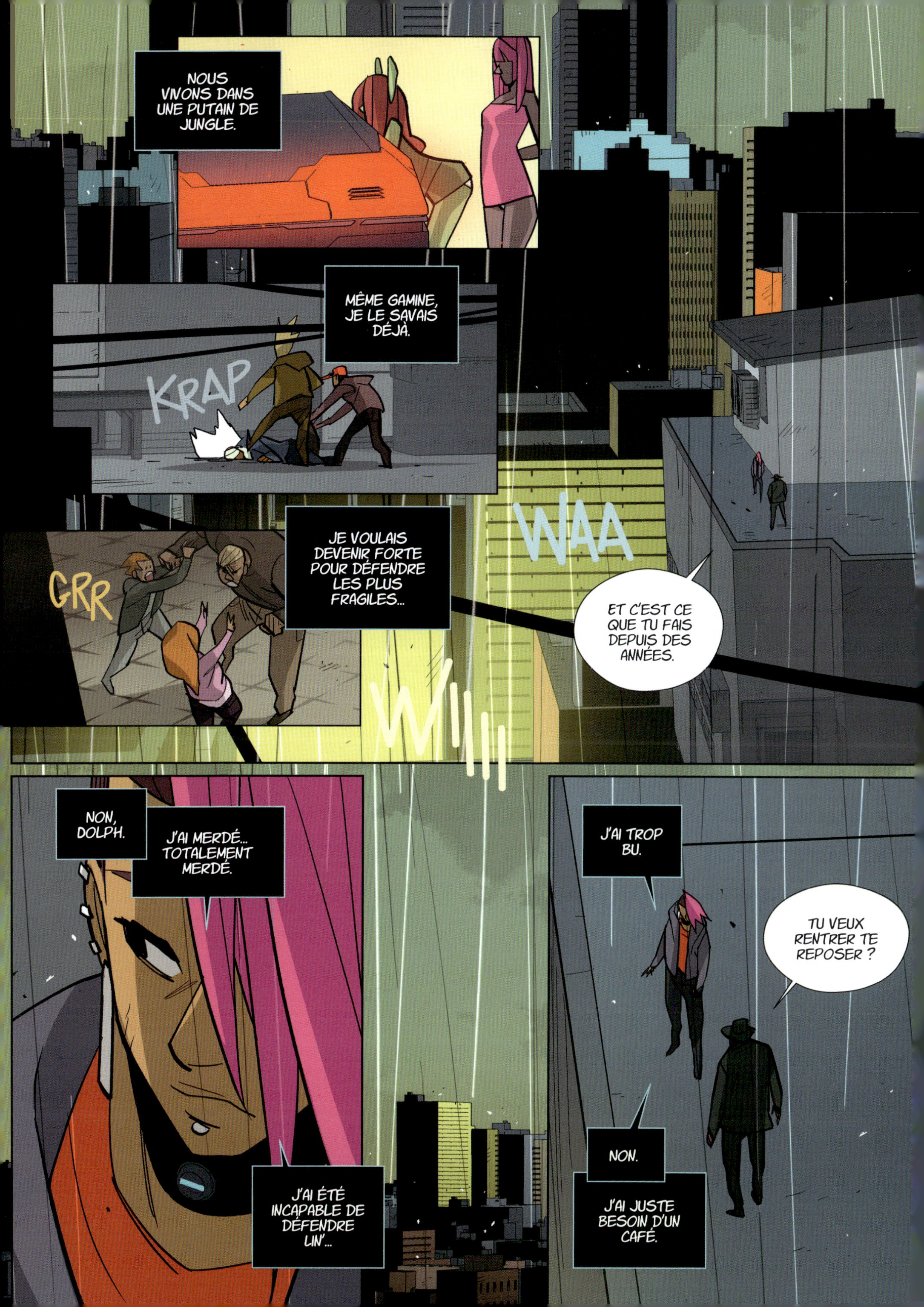
NOUS VIVONS DANS UNE PUTAIN DE JUNGLE.
MÊME GAMINE, JE LE SAVAIS DÉJÀ.
KRAP
JE VOULAIS DEVENIR FORTE POUR DÉFENDRE LES PLUS FRAGILES...
GRR
WAA
WIIII
ET C'EST CE QUE TU FAIS DEPUIS DES ANNÉES.
NON, DOLPH.
J'AI MERDÉ... TOTALEMENT MERDÉ.
J'AI ÉTÉ INCAPABLE DE DÉFENDRE UN'...
J'AI TROP BU.
TU VEUX RENTRER TE REPOSER ?
NON.
J'AI JUSTE BESOIN D'UN CAFÉ.

WIII
WIII
BOOP
JIII
TOC
TOC
ENTREZ.

BONJOUR MONSIEUR.
JE VOUS ATTENDAIS.
REGARDEZ ÇA, QUELLE BELLE JOURNÉE.
L'ÉQUIPE A, COMME VOUS LE SAVEZ, RENCONTRÉ SUR PLACE QUELQUES DÉSAGRÉMENTS, MONSIEUR.
TAP
ILS DEMANDENT DÉSORMAIS LE DOUBLE DE LA SOMME CONVENUE.
CLAC
JE SAIS.
LE DOUBLE ?
HIIII
EDEN CARTRIDGE
ET POURQUOI PAS LE TRIPLE ?
APRÈS TOUT... C'EST UN JOUR DE FÊTE !

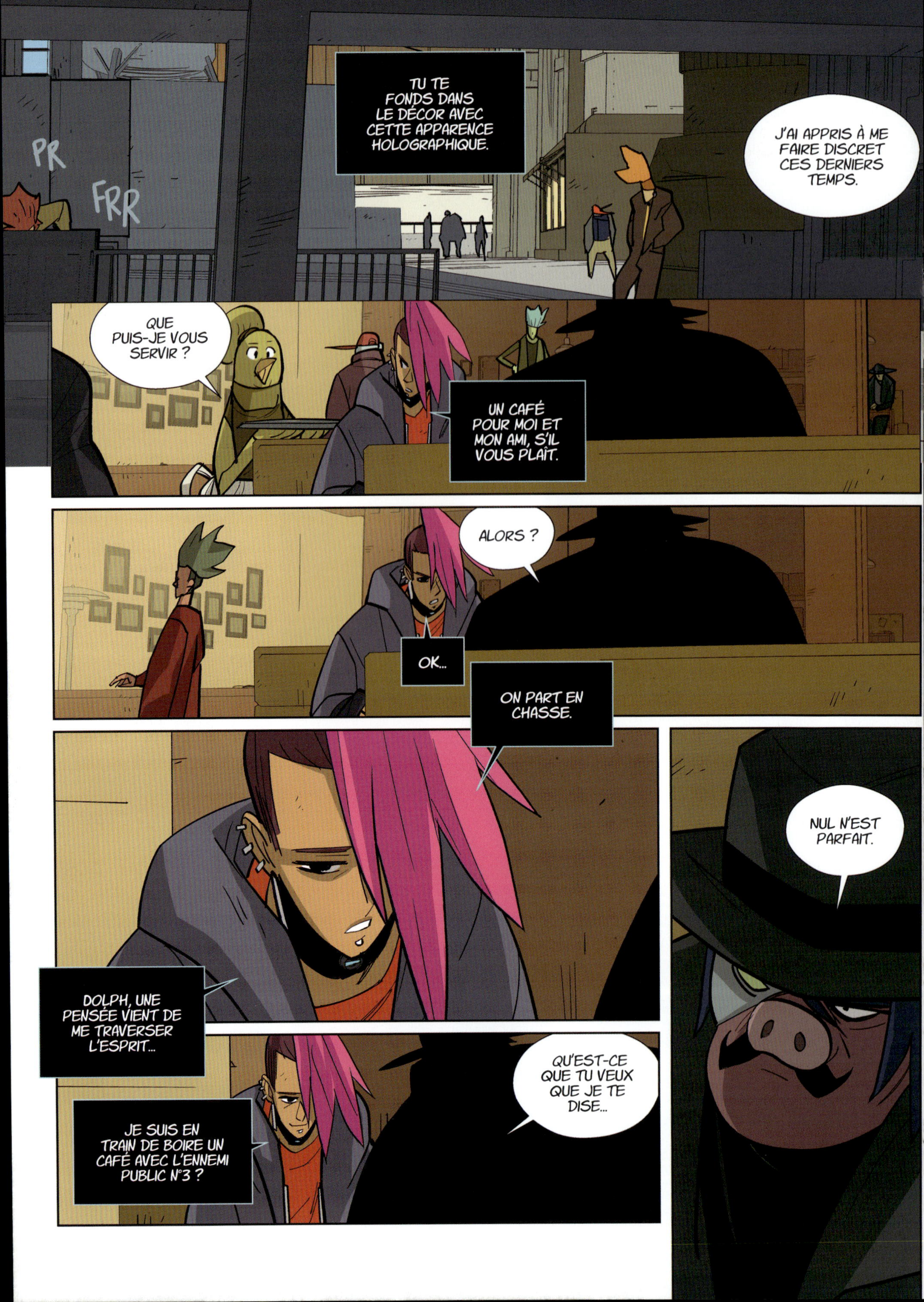
PR
FRR
TU TE FONDS DANS LE DÉCOR AVEC CETTE APPARENCE HOLOGRAPHIQUE.
J'AI APPRIS À ME FAIRE DISCRET CES DERNIERS TEMPS.
QUE PUIS-JE VOUS SERVIR ?
UN CAFÉ POUR MOI ET MON AMI, S'IL VOUS PLAÎT.
ALORS ?
OK...
ON PART EN CHASSE.
NUL N'EST PARFAIT.
DOLPH, UNE PENSÉE VIENT DE ME TRAVERSER L'ESPRIT...
QU'EST-CE QUE TU VEUX QUE JE TE DISE...
JE SUIS EN TRAIN DE BOIRE UN CAFÉ AVEC L'ENNEMI PUBLIC N°3 ?

CHAPITRE 4

LA CHASSE EST OUVERTE

DES DONUTS À EMPORTER, S'IL VOUS PLAÎT...
TU AS FAIM ?
C'EST PAS POUR MOI.
ON COMMENCE PAR QUOI, SHERLOCK ?
LA POLICE PENSE QUE C'EST UN VOL QUI AURAIT MAL TOURNÉ.
FWAP
ET QUI DIT VOL, DIT REVENTE.
WIII
ON VA DONC FAIRE LE TOUR DES RECÉLEURS.

TU CONNAIS LES RECÉLEURS, MUTE. ILS NE SONT PAS TOUJOURS PARTANTS POUR COOPÉRER.
ILS PARLERONT. ET SI CE N'EST PAS LE CAS...
JE CROIS EN TA FORCE DE PERSUASION.
TU AS UNE IDÉE PRÉCISE DE CE QU'ON CHERCHE ?
OUI. LINDA AVAIT HÉRITÉ D'UN BIJOU APPARTENANT À SA GRAND-MÈRE.
UN COLLIER AVEC TROIS PERLES.
FAO
UZI
ON SUIT LA PISTE DU COLLIER.
OUI, ET ON LA REMONTE JUSQU'AU TUEUR.
VIII
WIII

IL Y A DEUX ANS, ON M'A AFFECTÉ À MEGA CITY 4. UNE CITÉ CORROMPUE, UNE VRAIE. LES FLICS NE S'ENNUIENT JAMAIS PLUS D'UNE MINUTE ICI.
JE NE SUIS PAS UN ENQUÊTEUR COMME LES AUTRES. CONTRAIREMENT À LA PLUPART DE MES COLLÈGUES, J'AI UN INSTINCT PARTICULIÈREMENT AIGUISÉ.
C'EST COMME UN SUPER POUVOIR. IL S'ÉVEILLE LORSQUE JE CROISE QUELQU'UN DE PARTICULIÈREMENT DANGEREUX... COMME UN PSYCHOPATHE OU... UNE MEURTRIÈRE...
ET ÇA DEVIENT VITE OBSESSIONNEL. LE GENRE DE TRUC QUI RESTE ANCRÉ DANS LA TÊTE.
ÇA ME POUSSE SOUVENT À FAIRE DES HEURES SUP'. MAIS ÇA VA... LA MAJEURE PARTIE DU TEMPS, ÇA PAYE.
ELENA HICKS, PAR EXEMPLE. SON EX-PETITE AMIE VIENT TOUT JUSTE DE SE FAIRE BUTER LORS D'UN VOL QUI A MAL TOURNÉ... ET QUARANTE-HUIT HEURES PLUS TARD, ELLE FAIT LE TOUR DE TOUS LES RECÉLEURS DE LA VILLE. BIZARRE, NON ?
SANS PARLER DE SON POTE SUPER LOUCHE, QUI CHANGE DE GUEULE TOUTES LES VINGT MINUTES.

SALUT, RICK.
STAP
MUTE ?!
ÇA FAIT UN BAIL. J'TE CROYAIS MORTE.
TU LE CROYAIS OU TU L'ESPÉRAIS ?
MAIS NON, MUTE... ARRÊTE, TU SAIS QUE JE T'ADORE.
ET VOUS AUSSI, HEIN. JE VOUS CONNAIS PAS MAIS JE VOUS AIME BIEN.
VOUS AVEZ UNE BONNE TÊTE. ET PUIS VOUS SAVEZ CE QUE C'EST, LES AMIS DE MES AMIS...
MUTE, TA VISITE... T'ES SUR UNE ENQUÊTE OU QUOI ?!
TROIS MORTS, RICK...
EST-CE QUE TU AS EU DE LA VISITE, CES DEUX-TROIS DERNIERS JOURS ?
QUELQUES CLIENTS. MAIS PRESQUE RIEN. TU SAIS, EN CE MOMENT, LES AFFAIRES SONT PLUTÔT CALMES.

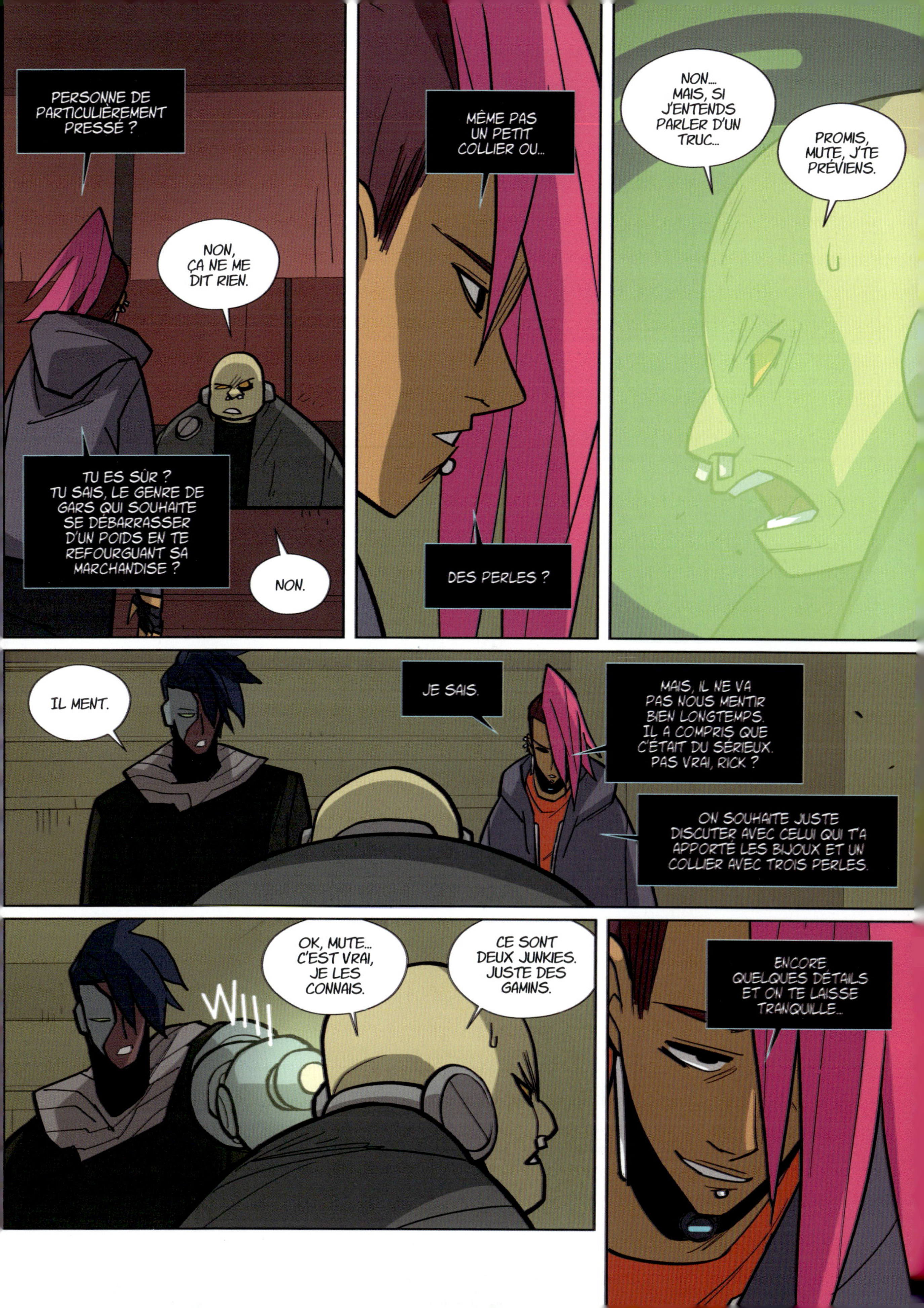
PERSONNE DE PARTICULIÈREMENT PRESSÉ ?
NON, ÇA NE ME DIT RIEN.
TU ES SÛR ? TU SAIS, LE GENRE DE GARS QUI SOUHAITE SE DÉBARRASSER D'UN POIDS EN TE REFOURGUANT SA MARCHANDISE ?
NON.
MÊME PAS UN PETIT COLLIER OU...
DES PERLES ?
NON... MAIS, SI J'ENTENDS PARLER D'UN TRUC...
PROMIS, MUTE, J'TE PRÉVIENS.
IL MENT.
JE SAIS.
MAIS, IL NE VA PAS NOUS MENTIR BIEN LONGTEMPS. IL A COMPRIS QUE C'ÉTAIT DU SÉRIEUX. PAS VRAI, RICK ?
ON SOUHAITE JUSTE DISCUTER AVEC CELUI QUI T'A APPORTÉ LES BIJOUX ET UN COLLIER AVEC TROIS PERLES.
WIII
OK, MUTE... C'EST VRAI, JE LES CONNAIS.
CE SONT DEUX JUNKIES. JUSTE DES GAMINS.
ENCORE QUELQUES DÉTAILS ET ON TE LAISSE TRANQUILLE...

1.
LE NOM DES GOSSES ET OÙ ON PEUT LES TROUVER.
2.
TON TÉLÉPHONE, J'AI UN APPEL À PASSER.
ET 3.
TA CAISSE, ON TE L'EMPRUNTE POUR LA JOURNÉE.
UNE DERNIÈRE QUESTION.
OUAIS... QUOI ENCORE ?
UN HOMME PRÉVENANT COMME TOI... A SANS DOUTE UNE ISSUE DE SECOURS ?
AVEC UN PEU DE CHANCE, LE FLIC DEHORS ARRÊTERA DE NOUS FILER LE TRAIN.
JE VOUS FAIS CONFIANCE.
DÉCONNEZ PAS, HEIN ?! ELLE M'A COÛTÉ UN BRAS.
KRIII
BON, POUR CE QUI EST DE LA DISCRÉTION... C'EST MORT.

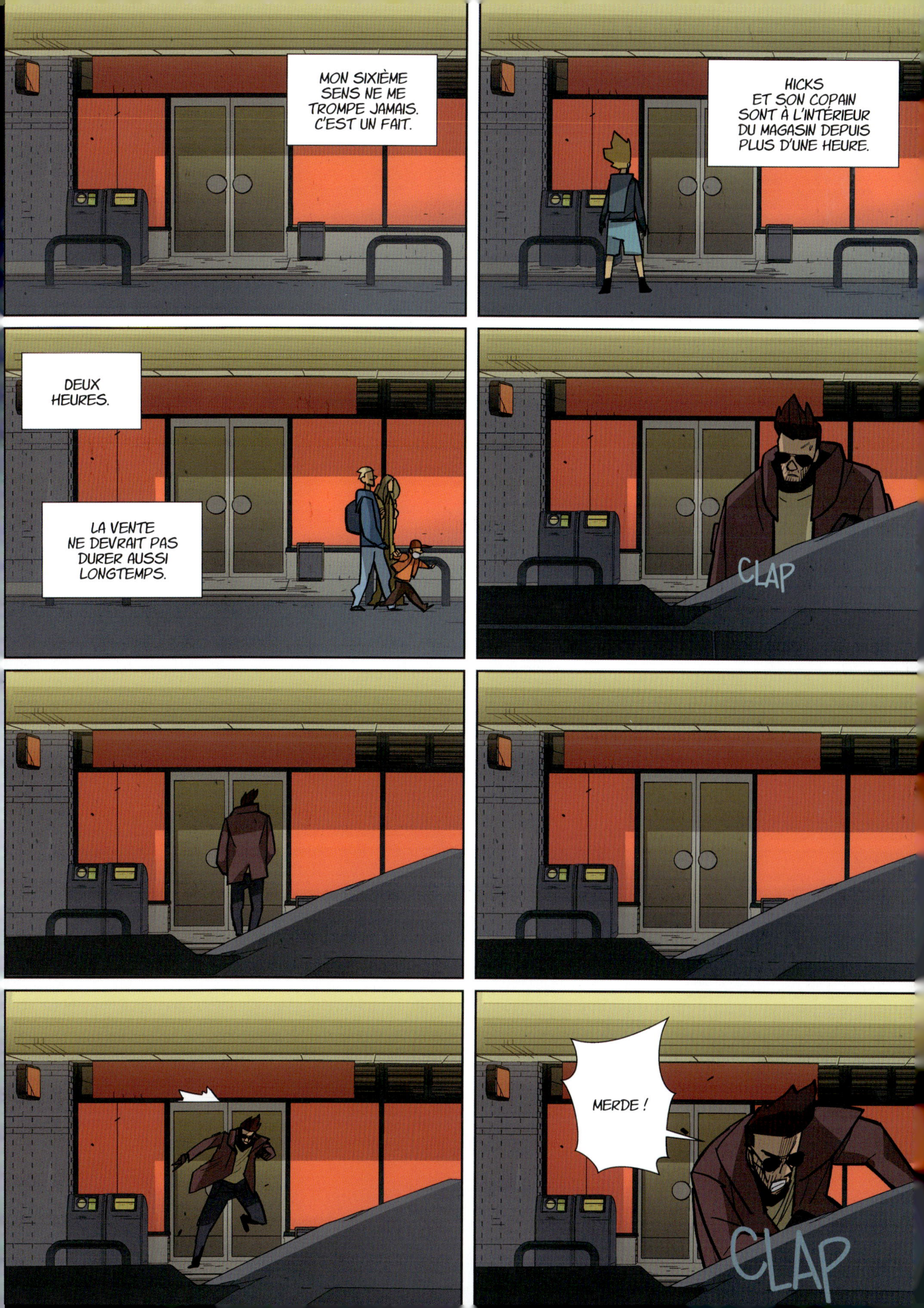
MON SIXIÈME SENS NE ME TROMPE JAMAIS. C'EST UN FAIT.
HICKS ET SON COPAIN SONT À L'INTÉRIEUR DU MAGASIN DEPUIS PLUS D'UNE HEURE.
DEUX HEURES.
LA VENTE NE DEVRAIT PAS DURER AUSSI LONGTEMPS.
CLAP
MERDE !
CLAP

MAX
MUTE
MAX
LASERHAWK
NOUS AVONS MIS DU TEMPS AVANT DE LES TROUVER...
ET POUR RÉSUMER LA SITUATION :
MAX
MUTE
MAX
LASERHAWK
3HITS
NOUS SOMMES ARRIVÉS AU BON MOMENT...
LES DEUX GOSSES ALLAIENT SE FAIRE BRISER LES GENOUX.
A PRIORI, LA SOMME RÉCUPÉRÉE AUPRÈS DE RICK N'ÉTAIT PAS SUFFISANTE POUR REMBOURSER LEURS DETTES.
MAX
MAX
LASERHAWK
1HIT
2HITS
ET LES DEALERS DU COIN SOUHAITAIENT JOINDRE L'UTILE À L'AGRÉABLE...
LEUR DONNER UNE PETITE LEÇON ET SE DÉFOULER PAR LA MÊME OCCASION.
GO

VOUS DITES QUE LE SAC ÉTAIT DANS UNE POUBELLE ?
OUI. ON FAIT TOUJOURS LES POUBELLES DANS CE QUARTIER. IL Y A DES GENS FRIQUÉS. ILS JETTENT PLEIN DE TRUCS.
UNE FOIS, ON A MÊME TROUVÉ DES VÊTEMENTS NEUFS.
VOUS VOUS SOUVENEZ DU BÂTIMENT OÙ VOUS L'AVEZ TROUVÉ ?
ET COMMENT... IL EST À DEUX PAS DE NEW LAKE VIEW.
WAP
WAHOU ! COMMENT VOUS FAITES ÇA ?!
MONTREZ-NOUS OÙ EXACTEMENT.
ICI. JUSTE ICI.
DONC, LE VOLEUR SE SERAIT DÉBARRASSÉ DU SAC ?
OU ALORS C'EST UNE FAUSSE PISTE... ET ON VA DEVOIR EN EXPLORER UNE NOUVELLE.

WIIII
VRIII
TIIII
WIII
SALUT APONE.
VMM
WIIII
J'AI APPRIS POUR TON EX, JE SUIS DÉSOLÉE. TU...
DONUTS
MERCI SERGENT... JE..
ET MOI... JE SUIS DÉSOLÉE DU RETARD.
ON A EU UN IMPRÉVU À GÉRER EN CHEMIN.
TENEZ, VOS PRÉFÉRÉS.
COMME À LA BELLE ÉPOQUE, MUTE. INFOS CONTRE NOURRITURE ?
QU'EST-CE QUE VOUS VOULEZ, C'EST COMME ÇA... VOUS AVEZ TOUJOURS ÉTÉ LA PLUS FACILE À CORROMPRE.
WIII
HAHA... TIENS.
COMME PROMIS, LA COPIE DU RAPPORT.
POUR LES COLLÈGUES, AU BUREAU, C'EST JUSTE UN VOL QUI A MAL TOURNÉ. UNE AFFAIRE PRESQUE CLASSÉE...
J'ESPÈRE QUE ÇA VOUS AIDERA, TOI ET TON POTE... À RÉGLER SON COMPTE AU SALAUD QUI A FAIT ÇA.

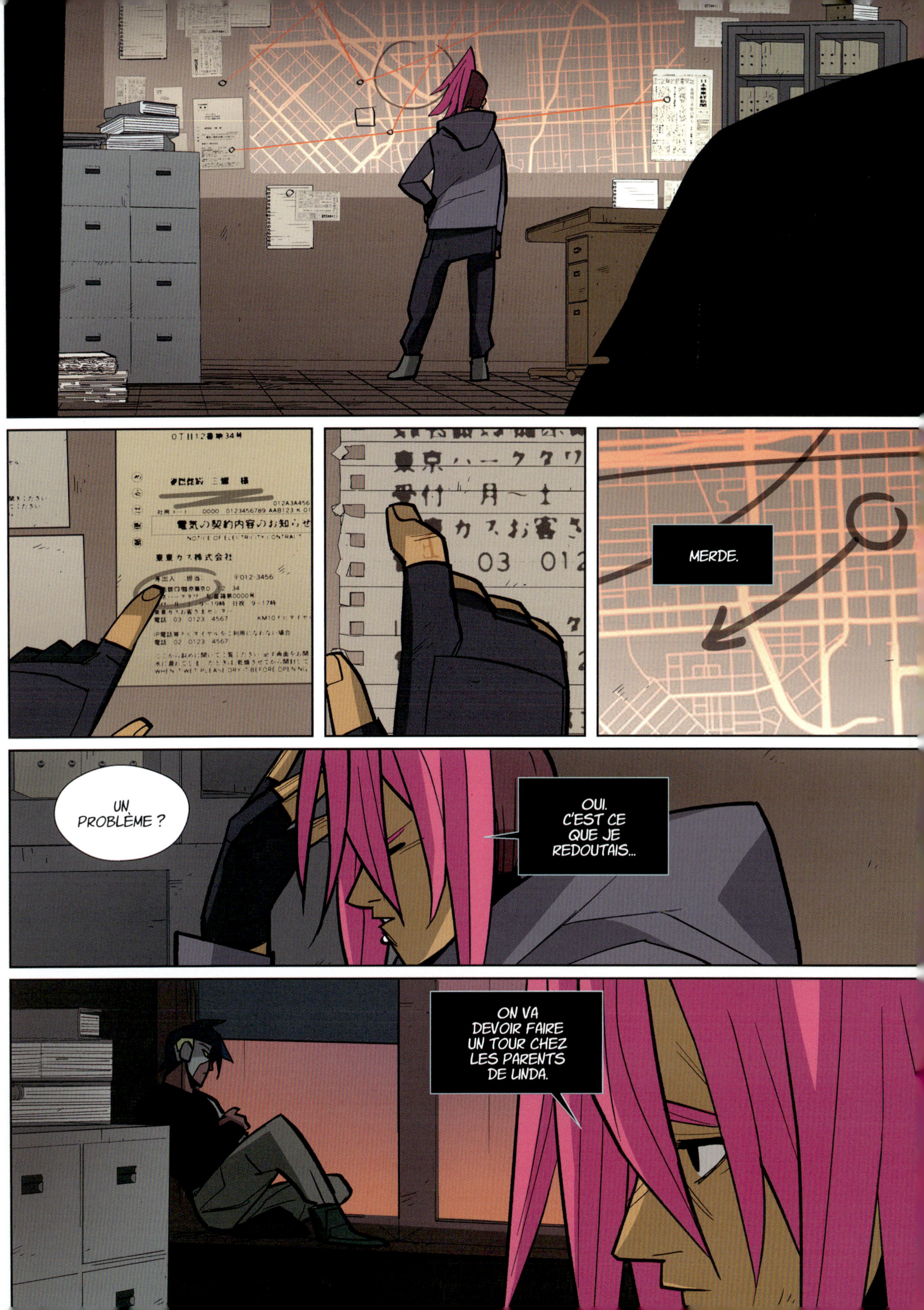
MERDE.
UN PROBLÈME ?
OUI. C'EST CE QUE JE REDOUTAIS...
ON VA DEVOIR FAIRE UN TOUR CHEZ LES PARENTS DE LINDA.

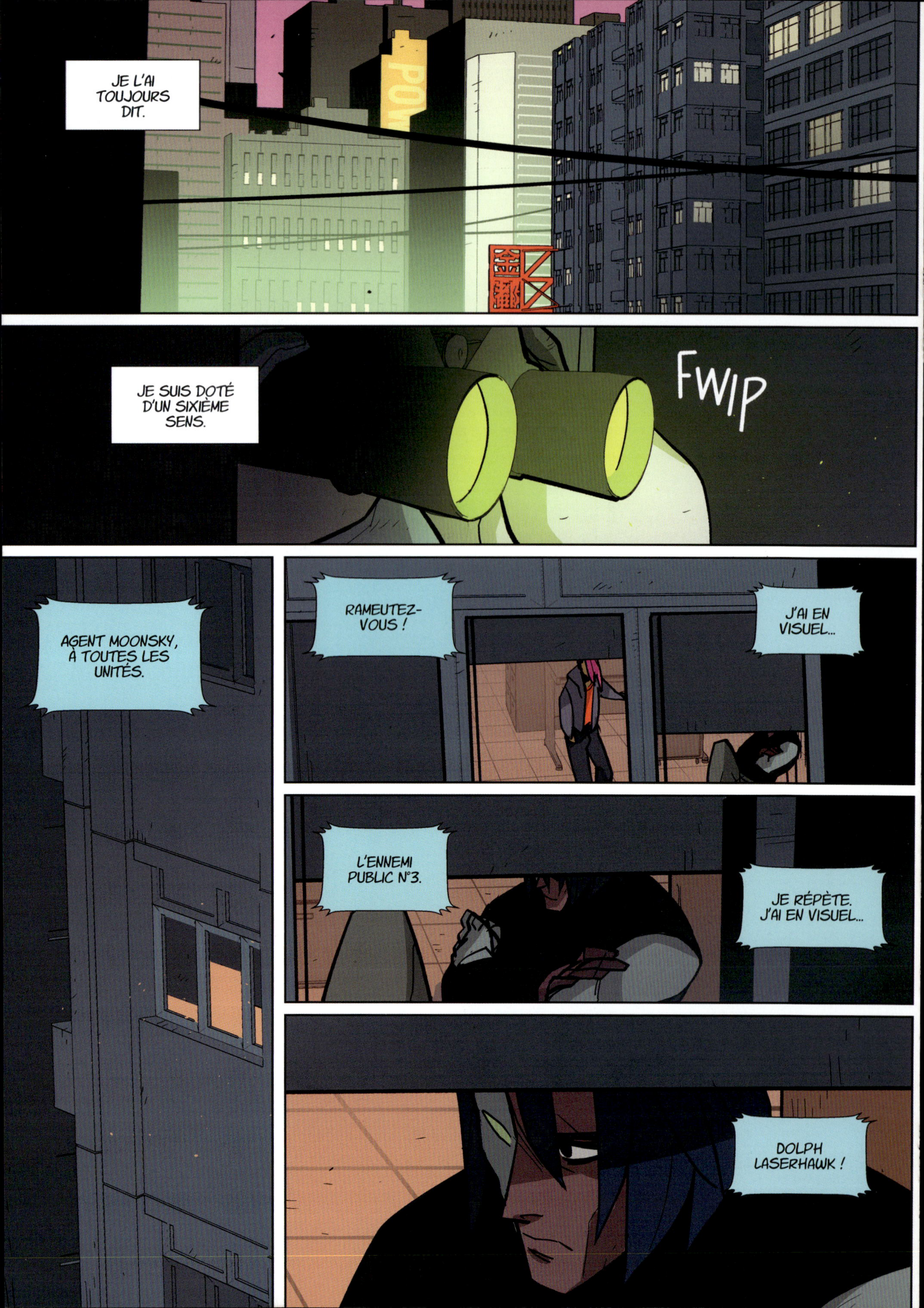
JE L'AI TOUJOURS DIT.
JE SUIS DOTÉ D'UN SIXIÈME SENS.
FWIP
AGENT MOONSKY, À TOUTES LES UNITÉS.
RAMEUTEZ-VOUS !
J'AI EN VISUEL...
L'ENNEMI PUBLIC N°3.
JE RÉPÈTE. J'AI EN VISUEL...
DOLPH LASERHAWK !

CHAPITRE 5

LAST ACTION HEROES

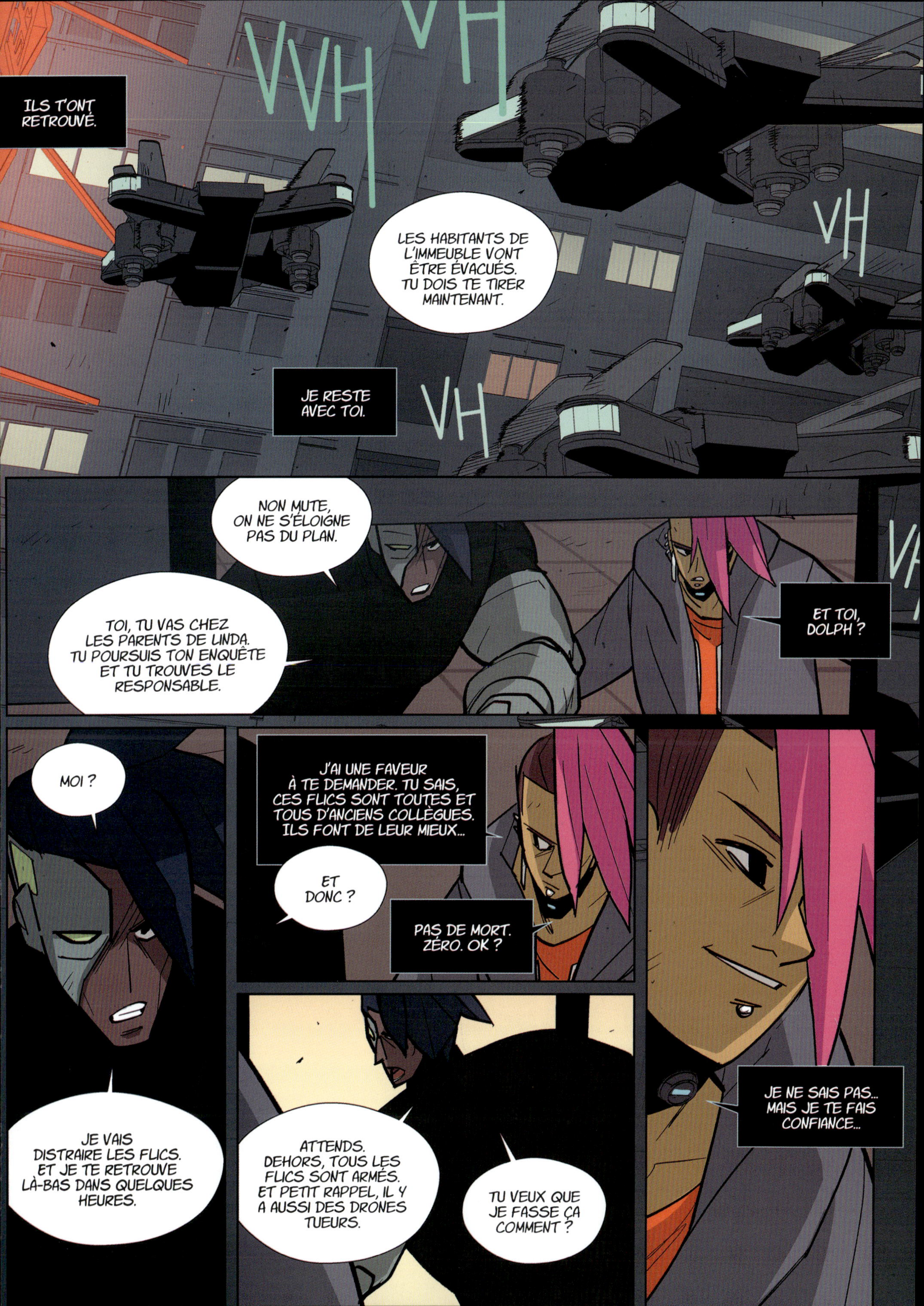
ILS T'ONT RETROUVÉ.
VVH
VH
LES HABITANTS DE L'IMMEUBLE VONT ÊTRE ÉVACUÉS. TU DOIS TE TIRER MAINTENANT.
VH
JE RESTE AVEC TOI.
VH
NON MUTE, ON NE S'ÉLOIGNE PAS DU PLAN.
TOI, TU VAS CHEZ LES PARENTS DE LINDA. TU POURSUIS TON ENQUÊTE ET TU TROUVES LE RESPONSABLE.
ET TOI, DOLPH ?
MOI ?
JE VAIS DISTRAIRE LES FLICS. ET JE TE RETROUVE LÀ-BAS DANS QUELQUES HEURES.
J'AI UNE FAVEUR À TE DEMANDER. TU SAIS, CES FLICS SONT TOUTES ET TOUS D'ANCIENS COLLÈGUES. ILS FONT DE LEUR MIEUX...
ET DONC ?
PAS DE MORT. ZÉRO. OK ?
ATTENDS. DEHORS, TOUS LES FLICS SONT ARMÉS. ET PETIT RAPPEL, IL Y A AUSSI DES DRONES TUEURS.
TU VEUX QUE JE FASSE ÇA COMMENT ?
JE NE SAIS PAS... MAIS JE TE FAIS CONFIANCE...

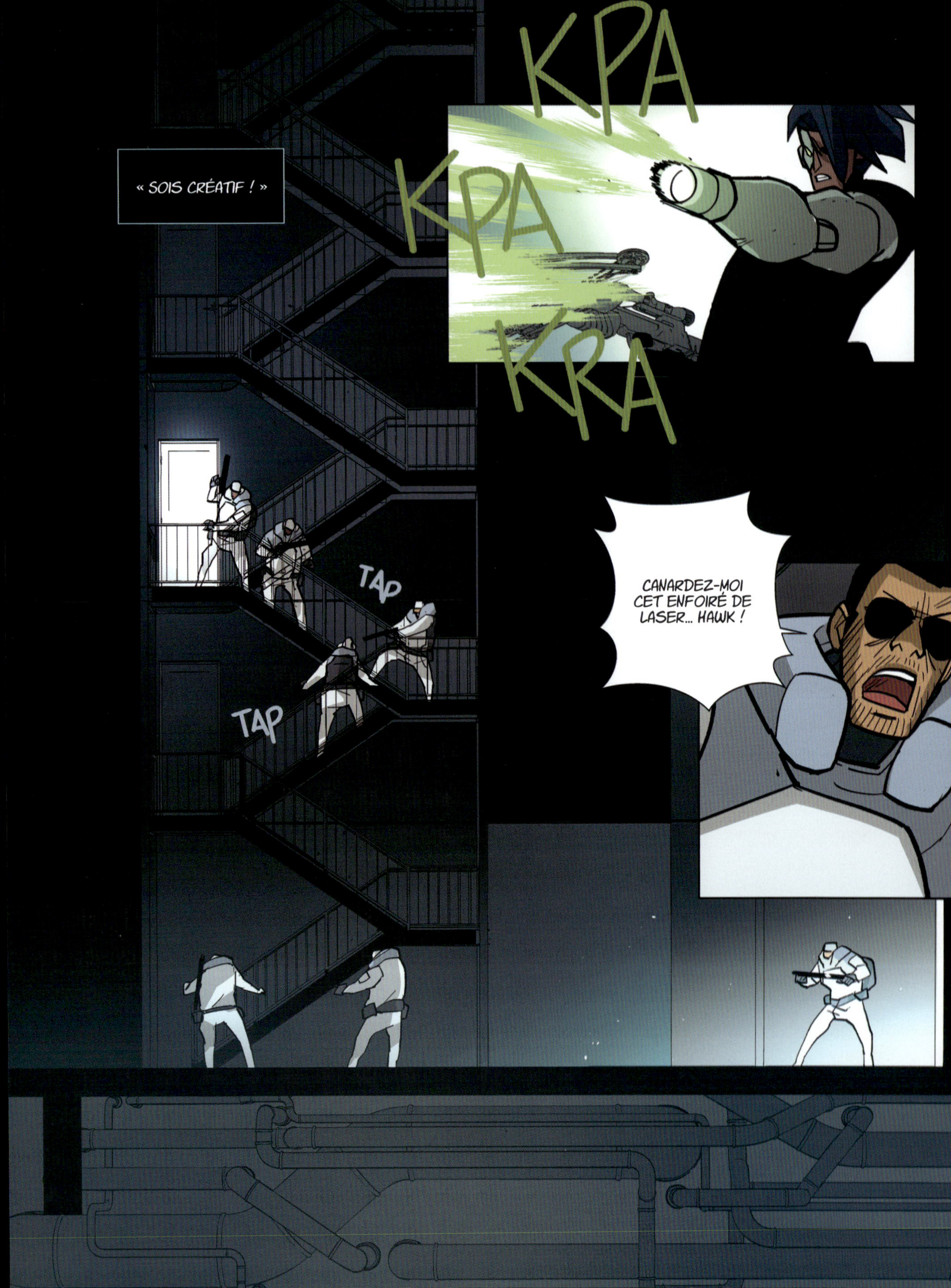
« SOIS CRÉATIF ! »
KPA
KPA
KRA
TAP
TAP
CANARDEZ-MOI CET ENFOIRÉ DE LASER... HAWK !

KPA KPA
SHT
SH
SHT
POW

KPA KPA
PEW
PEW
PEW
PEW
KRR
KKH
KRRH
PLUS QU'À SEMER LES AUTRES.

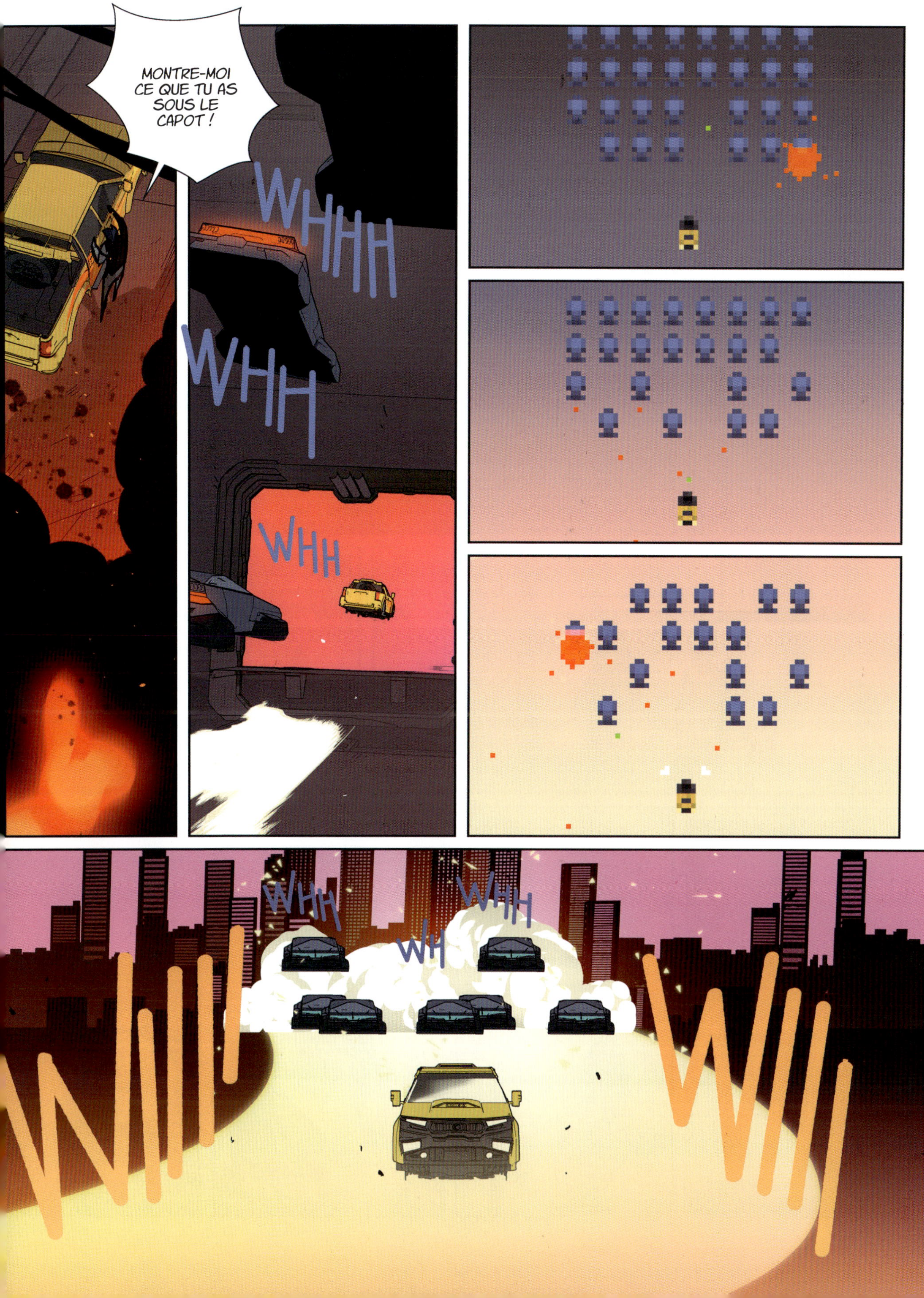
MONTRE-MOI CE QUE TU AS SOUS LE CAPOT !
WHHHH
WHH
WHH
WHH
WH
WHH
WIII
WII

WIIII
WIIII
OH, C'EST TOI ? JE N'AI PAS ENTENDU SONNER...
JE T'EN PRIE, ENTRE, ELENA.
MERCI MADAME REESE.
ARRÊTE AVEC ÇA, JE T'AI DIT DE M'APPELER JESSICA.
BONJOUR MONSIEUR REESE...
LA COMPAGNE DE NOTRE FILLE VIENT D'ARRIVER !
OUI, OUI... BONJOUR.
JE SUIS DÉSOLÉE, JE DÉTESTE QUAND IL FAIT ÇA... TU PEUX Y ALLER, ELLE T'ATTEND DANS SA CHAMBRE.
LINDA
LINDA
ALLEZ ENTRE !

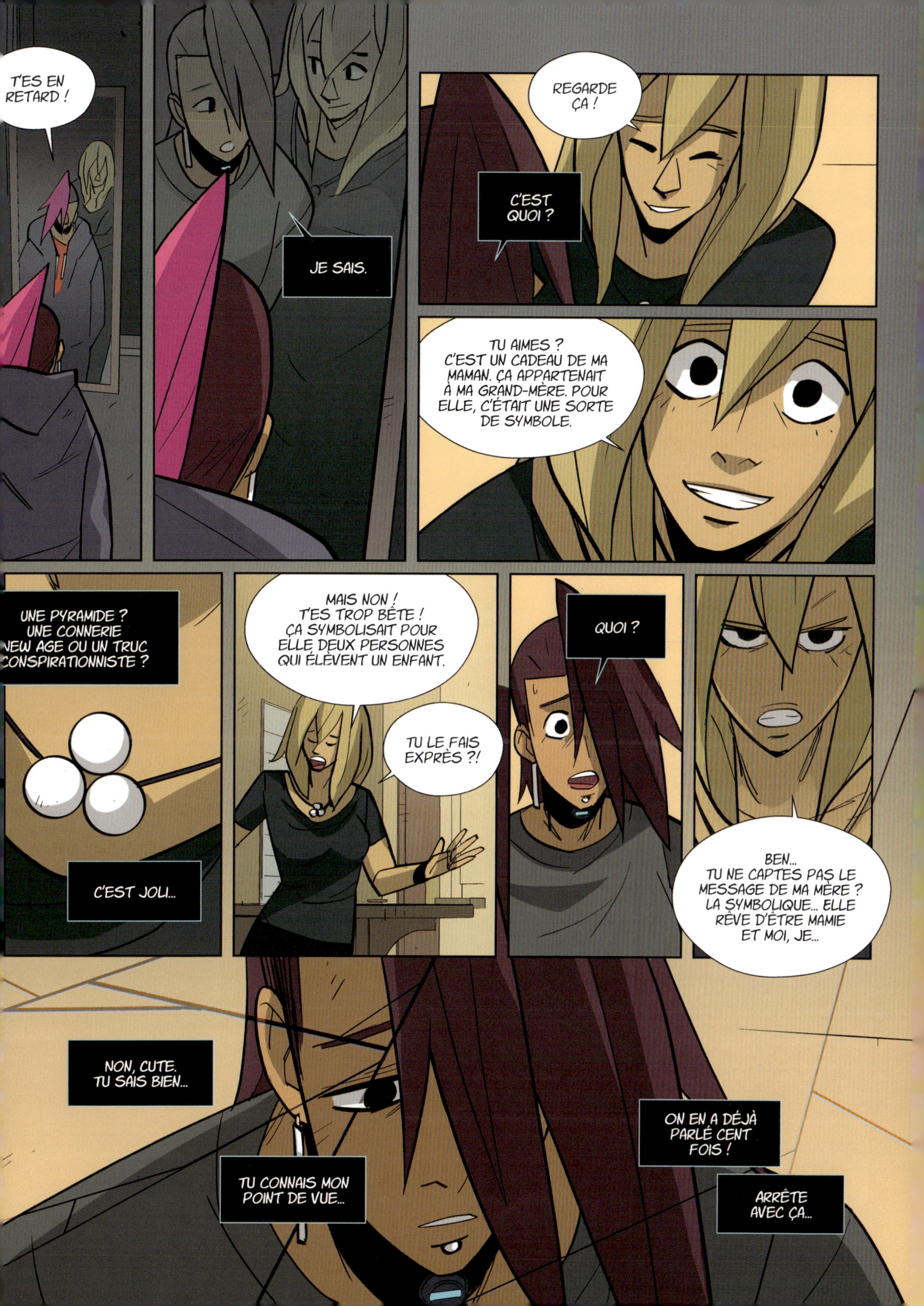
T'ES EN RETARD !
JE SAIS.
REGARDE ÇA !
C'EST QUOI ?
TU AIMES ? C'EST UN CADEAU DE MA MAMAN. ÇA APPARTENAIT À MA GRAND-MÈRE. POUR ELLE, C'ÉTAIT UNE SORTE DE SYMBOLE.
UNE PYRAMIDE ? UNE CONNERIE NEW AGE OU UN TRUC CONSPIRATIONNISTE ?
C'EST JOLI...
MAIS NON ! T'ES TROP BÊTE ! ÇA SYMBOLISAIT POUR ELLE DEUX PERSONNES QUI ÉLÈVENT UN ENFANT.
TU LE FAIS EXPRÈS ?!
QUOI ?
BEN... TU NE CAPTES PAS LE MESSAGE DE MA MÈRE ? LA SYMBOLIQUE... ELLE RÊVE D'ÊTRE MAMIE ET MOI, JE...
NON, CUTE. TU SAIS BIEN...
TU CONNAIS MON POINT DE VUE...
ON EN A DÉJÀ PARLÉ CENT FOIS !
ARRÊTE AVEC ÇA...

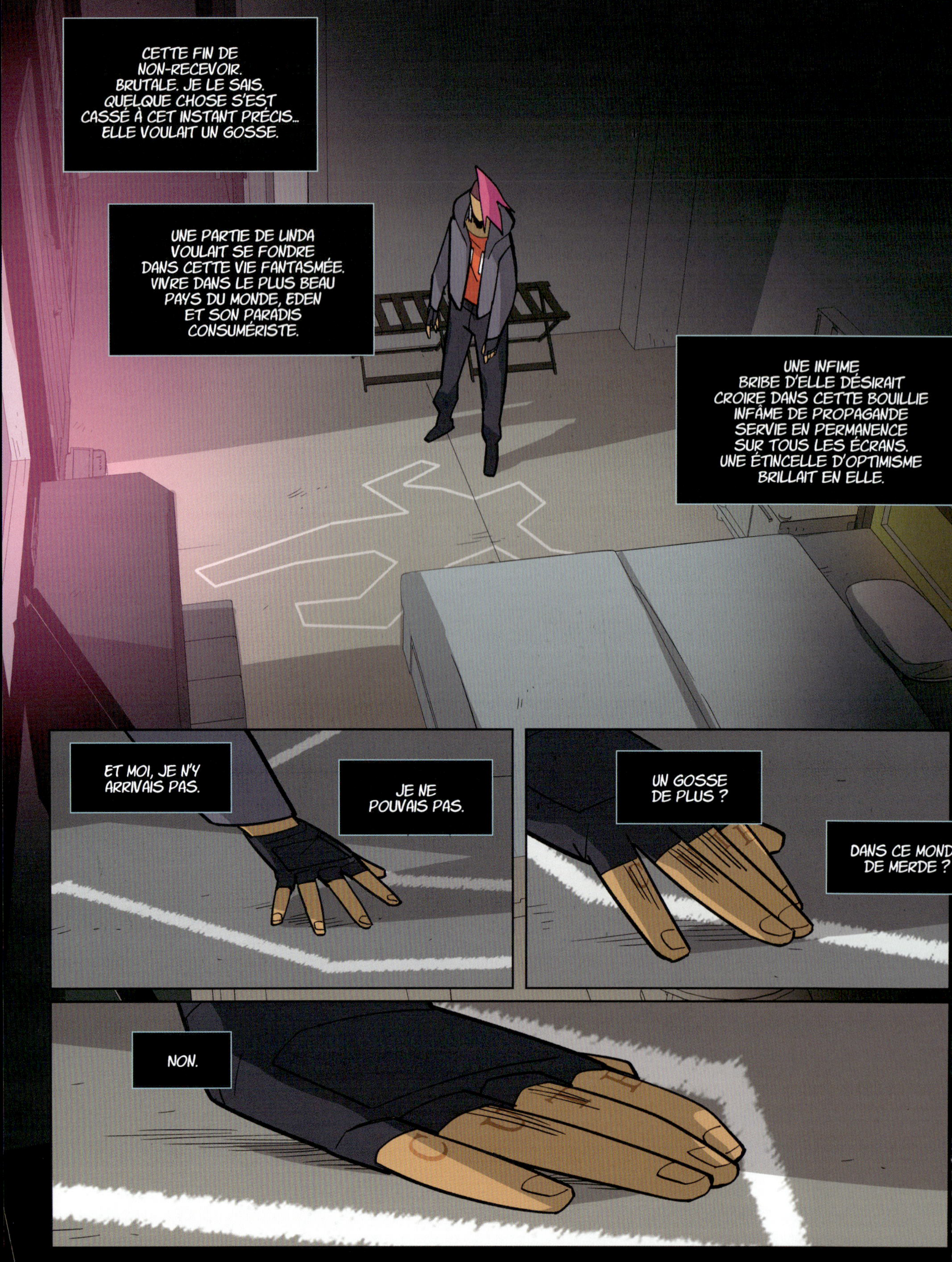
CETTE FIN DE NON-RECEVOIR. BRUTALE. JE LE SAIS. QUELQUE CHOSE S'EST CASSÉ À CET INSTANT PRÉCIS... ELLE VOULAIT UN GOSSE.
UNE PARTIE DE LINDA VOULAIT SE FONDRE DANS CETTE VIE FANTASMÉE. VIVRE DANS LE PLUS BEAU PAYS DU MONDE, EDEN ET SON PARADIS CONSUMÉRISTE.
UNE INFIME BRIBE D'ELLE DÉSIRAIT CROIRE DANS CETTE BOUILLIE INFÂME DE PROPAGANDE SERVIE EN PERMANENCE SUR TOUS LES ÉCRANS. UNE ÉTINCELLE D'OPTIMISME BRILLAIT EN ELLE.
ET MOI, JE N'Y ARRIVAIS PAS.
JE NE POUVAIS PAS.
UN GOSSE DE PLUS ?
DANS CE MOND
DE MERDE ?
NON.

ON DÉNOMBRE VINGT-TROIS BLESSÉS PARMI NOS COURAGEUX REPRÉSENTANTS DES FORCES DE L'ORDRE !
CE SOIR, CES HÉROS ONT RISQUÉ LEUR VIE POUR DÉFENDRE NOS IDÉAUX. POUR DÉFENDRE NOTRE MODE DE VIE.
VINGT-TROIS DÉFENSEURS D'EDEN SE SONT RETROUVÉS À L'HÔPITAL.
POURQUOI ?
POUR SAUVER LA VIE DES INNOCENTS HABITANTS DE MEGA CITY 4.
WIII
WII
WIIII
WII
POUR TENTER D'ARRÊTER UN TERRORISTE...
DOLPH LASERHAWK.
PUTAIN DE MERDE... C'EST MA CAISSE, LÀ !

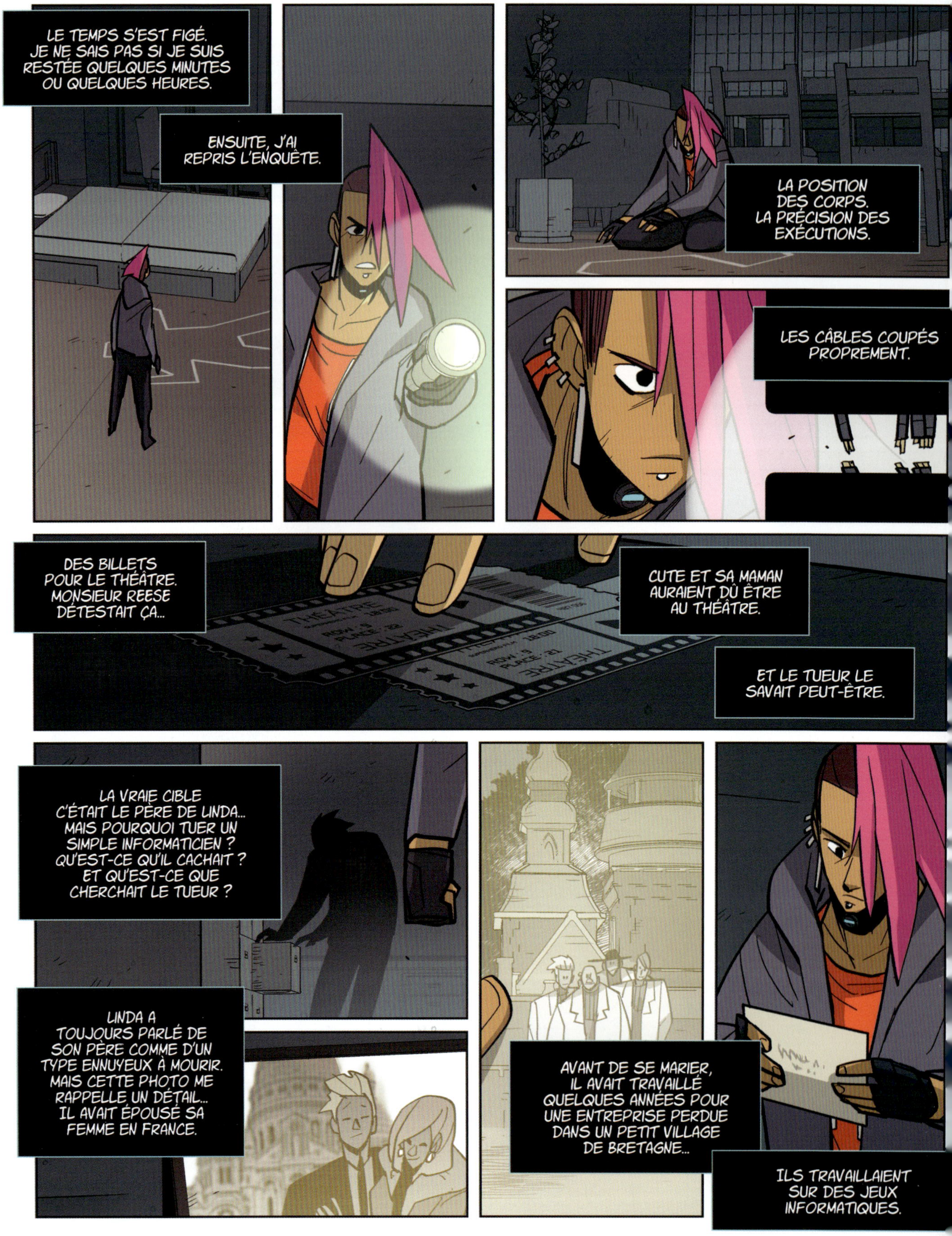
LE TEMPS S'EST FIGÉ. JE NE SAIS PAS SI JE SUIS RESTÉE QUELQUES MINUTES OU QUELQUES HEURES.
ENSUITE, J'AI REPRIS L'ENQUÊTE.
LA POSITION DES CORPS. LA PRÉCISION DES EXÉCUTIONS.
LES CÂBLES COUPÉS PROPREMENT.
DES BILLETS POUR LE THÉÂTRE. MONSIEUR REESE DÉTESTAIT ÇA...
CUTE ET SA MAMAN AURAIENT DÛ ÊTRE AU THÉÂTRE.
ET LE TUEUR LE SAVAIT PEUT-ÊTRE.
LA VRAIE CIBLE C'ÉTAIT LE PÈRE DE LINDA... MAIS POURQUOI TUER UN SIMPLE INFORMATICIEN ? QU'EST-CE QU'IL CACHAIT ? ET QU'EST-CE QUE CHERCHAIT LE TUEUR ?
LINDA A TOUJOURS PARLÉ DE SON PÈRE COMME D'UN TYPE ENNUYEUX À MOURIR. MAIS CETTE PHOTO ME RAPPELLE UN DÉTAIL... IL AVAIT ÉPOUSÉ SA FEMME EN FRANCE.
AVANT DE SE MARIER, IL AVAIT TRAVAILLÉ QUELQUES ANNÉES POUR UNE ENTREPRISE PERDUE DANS UN PETIT VILLAGE DE BRETAGNE...
ILS TRAVAILLAIENT SUR DES JEUX INFORMATIQUES.

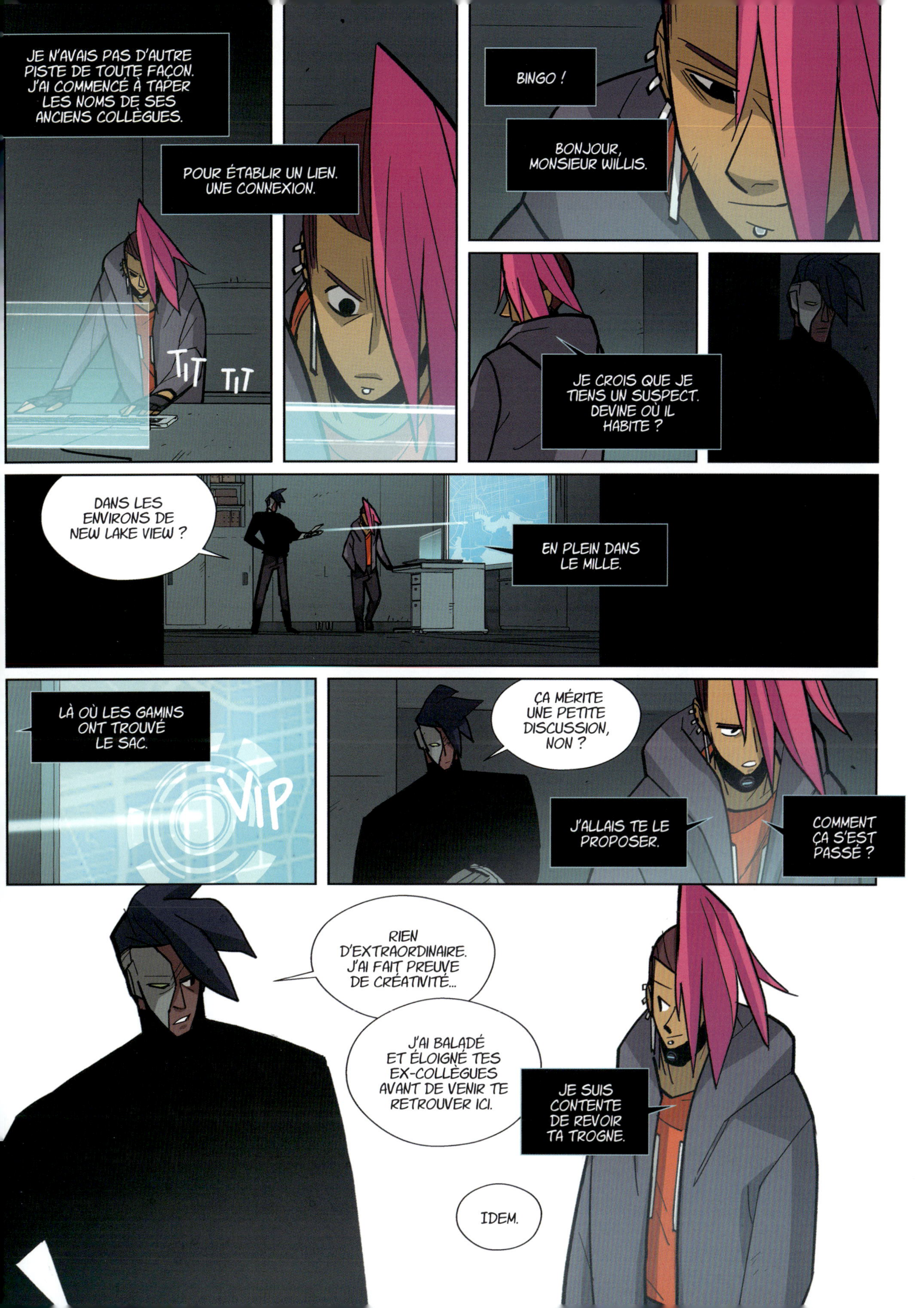
JE N'AVAIS PAS D'AUTRE PISTE DE TOUTE FAÇON. J'AI COMMENCÉ À TAPER LES NOMS DE SES ANCIENS COLLÈGUES.
POUR ÉTABLIR UN LIEN. UNE CONNEXION.
TIT TIT
BINGO !
BONJOUR, MONSIEUR WILLIS.
JE CROIS QUE JE TIENS UN SUSPECT. DEVINE OÙ IL HABITE ?
DANS LES ENVIRONS DE NEW LAKE VIEW ?
EN PLEIN DANS LE MILLE.
LÀ OÙ LES GAMINS ONT TROUVÉ LE SAC.
VIP
ÇA MÉRITE UNE PETITE DISCUSSION, NON ?
J'ALLAIS TE LE PROPOSER.
COMMENT ÇA S'EST PASSÉ ?
RIEN D'EXTRAORDINAIRE. J'AI FAIT PREUVE DE CRÉATIVITÉ...
J'AI BALADÉ ET ÉLOIGNÉ TES EX-COLLÈGUES AVANT DE VENIR TE RETROUVER ICI.
JE SUIS CONTENTE DE REVOIR TA TROGNE.
IDEM.

UNE SEULE CHOSE EST SÛRE EN CE BAS MONDE.
PERSONNE N'AIME ÊTRE SUSPENDU AU-DESSUS DU VIDE.
TRÈS JOLI PANORAMA.
FRH
FRH
JE VOUS L'AI DÉJÀ RÉPÉTÉ...
TU APPRÉCIES ?
JE SERVAIS JUSTE D'INTERMÉDIAIRE.
SUPER, DANS CE CAS C'EST ENCORE PLUS SIMPLE.
ON VOUS DEMANDE JUSTE DE REPRENDRE VOTRE RÔLE.
MONSIEUR WILLIS, VOUS ALLEZ ORGANISER POUR NOUS...
UN PETIT « RENDEZ-VOUS ».
RETRO

CHAPITRE 6

HASARD ET GÉOGRAPHIE

C'EST UNE LIVRAISON, CHÉRIE ?
OUAIS... EN QUELQUE SORTE.

WIII
ELLE EST EN MA POSSESSION.
JIII
JE PEUX VOUS FAIRE PARVENIR LA CARTOUCHE...
KURUNE
WIII
OÙ ET QUAND VOUS LE SOUHAITEREZ.
VOUS M'EN VOYEZ RAVI, BENJAMIN.
COMME PROMIS, CONSIDÉREZ COMME ACQUIS VOTRE AVANCEMENT AU SEIN DE NOTRE ORGANISATION.
TOC TOC
MERCI, MONSIEUR.
ENTREZ.

DÉSOLÉ DE VOUS DÉRANGER, MONSIEUR SEED.
LES TROIS HOMMES QUI DEVAIENT ACCOMPAGNER MONSIEUR WILLIS SONT DANS LA SALLE D'ATTENTE.
« QUI DEVAIENT » ?
OUI. MONSIEUR WILLIS N'EST TOUJOURS PAS LÀ. ET IL RESTE INJOIGNABLE.
BIEN. APPORTEZ L'ARGENT ET FAITES-LES MONTER.
OUI, MONSIEUR SEED.
FRT

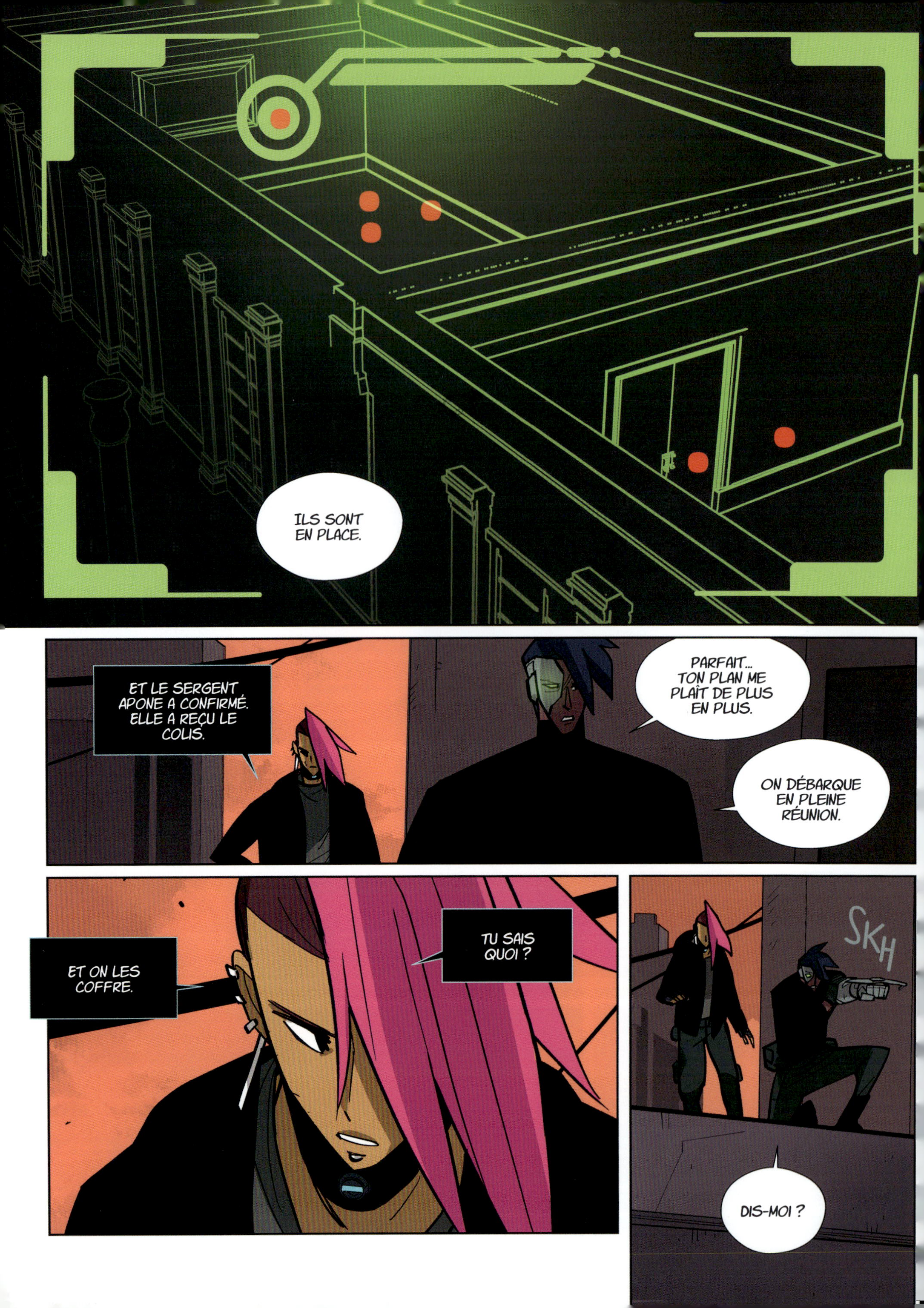
ILS SONT EN PLACE.
ET LE SERGENT APONE A CONFIRMÉ. ELLE A REÇU LE COLIS.
PARFAIT... TON PLAN ME PLAÎT DE PLUS EN PLUS.
ON DÉBARQUE EN PLEINE RÉUNION.
ET ON LES COFFRE.
TU SAIS QUOI ?
SKH
DIS-MOI ?

KRA
SHHH
JE T'AI TOUJOURS ENVIÉ QUAND TU FAISAIS ÇA. ET C'EST SEULEMENT MAINTENANT QUE JE ME RENDS COMPTE...
... QUE C'ÉTAIT UNE BELLE CONNERIE !
TWI
TWI
TWI
KRHK
KKRK
RK
KK

SHH

BIENVENUE.
SWAP
MONSIEUR SEED !
NOUS SOMMES LÀ POUR LUI.
PAS POUR VOUS.
DU CALME. TOUT VA BIEN, MESSIEURS. CE SONT DEUX NOUVEAUX...
... INVITÉS SURPRISE.
CLIC
AAARGH !
AAAAAH !
BZTT

C'EST COMPRÉHENSIBLE QUAND ON Y PENSE. CETTE SOCIÉTÉ INCITE CONSTAMMENT CEUX QUI Y VIVENT À AUGMENTER LEURS PERFORMANCES.
TOUT LE MONDE S'ÉQUIPE, SE DOTE DE PROTHÈSES ET D'AJOUTS DIVERS.
TOUT LE MONDE VEUT S'AMÉLIORER. DONC...
« MADE IN EDEN ».
MON ENTREPRISE PRODUIT CES GADGETS, CES TALONS D'ACHILLE PRISÉS PAR LE PUBLIC.
BZT
ICI, UN BRAS CYBERNÉTIQUE.
BZT
LÀ, UNE ASSISTANCE VOCALE.
BZT
MULTIPLIER SON POTENTIEL, MASQUER LES FAILLES, COMBLER LES FAIBLESSES OU RATTRAPER LES ERREURS DE LA NATURE.
EDEN RÉSOUT TOUS LES PROBLÈMES.
FRT
EDEN EST LA SOLUTION.

« ET UNE FEUILLE DE TILLEUL FLOTTE SUR LA BRISE ET SE POSE DÉLICATEMENT SUR LE DOS DE SIEGFRIED. ELLE LAISSE SUR CE CORPS IMMORTEL UNE EMPREINTE VULNÉRABLE...
... UNIQUE FAIBLESSE DE CETTE PEAU-CUIRASSE RECOUVERTE PAR LE SANG ROUGEOYANT, POISSEUX ET PROTECTEUR DU DRAGON FAFNIR... »
MESSIEURS, VEUILLEZ NOUS DÉBARRASSER DE CES ORDURES.
MARRANT, ELLE BOUGE ENCORE.
J'ALLAIS OUBLIER LE TRI SÉLECTIF...
LUI, POUR COMMENCER. IL S'AGIT DE L'ENNEMI PUBLIC : DOLPH LASERHAWK.
LA POLICE VA NOUS REMETTRE UNE MÉDAILLE POUR ÇA !
DO...
MONSIEUR LASERHAWK, DÉPLOYEZ VOS AILES. IL EST TEMPS DE PRENDRE VOTRE ENVOL.
FRH
N...
D...
OH, TU SOUHAITES PROFITER DU SPECTACLE ?
DO...
COMME TU VEUX. ON S'AMUSERA APRÈS.
DOLPH !

KRAK
URG
POF

CRÈVE !
TA TA TA TA
TA, TA
RATATA TA
TA TA
KRAK
POC
BON BOULOT, MUTE.
N'Y PENSE MÊME PAS.

IL NE VOULAIT PAS VENDRE.
IL NE VOULAIT PAS TROUVER LE MOINDRE COMPROMIS.
IL NE M'A PAS LAISSÉ LE CHOIX. J'AI PRIS. JE ME SUIS SERVI.
IL ME TENAIT TÊTE.
EST-CE QU'UN AGNEAU EST EN POSITION DE NÉGOCIER FACE À UN LOUP ?
IL M'A POUSSÉ À BOUT, ET J'AI DEMANDÉ À WILLIS D'ENGAGER DES CYBERCOMMANDOS.
CES BRUTES ONT FAIT DU ZÈLE. C'ÉTAIT TOTALEMENT INUTILE.
MAIS, JUSTICE A ÉTÉ FAITE. ILS SONT MORTS DÉSORMAIS.
CROYEZ-MOI, JE SUIS SINCÈREMENT DÉSOLÉ POUR VOTRE COPINE.
ELLE ET SA MÈRE N'ÉTAIENT PAS PRÉVUES AU PROGRAMME.
ELLES ÉTAIENT LÀ, AU MAUVAIS ENDROIT, AU MAUVAIS MOMENT.
DE SIMPLES DOMMAGES COLLATÉRAUX.
EN DÉFINITIVE, TOUT CECI N'EST QU'UNE QUESTION DE HASARD ET DE GÉOGRAPHIE.

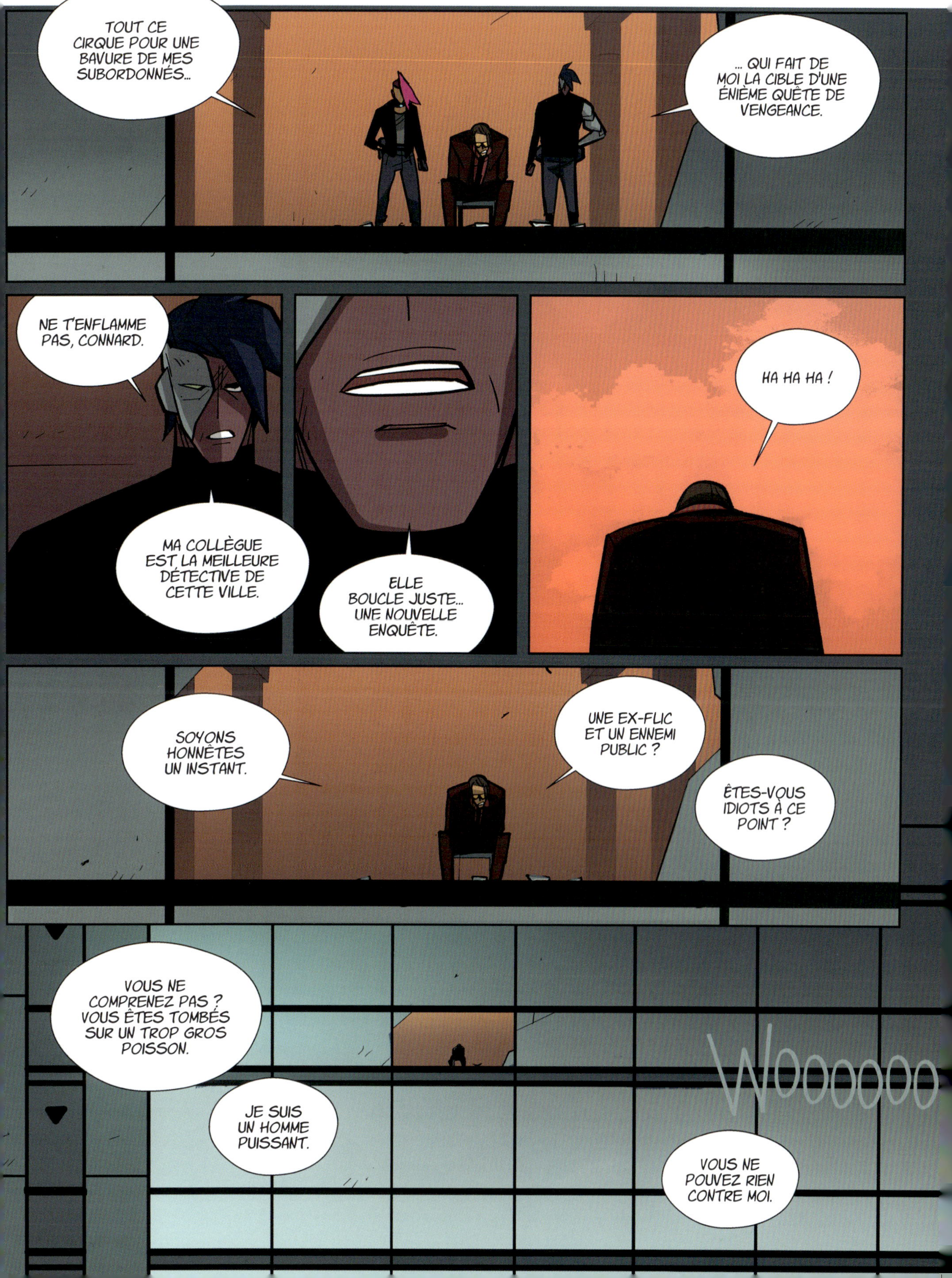
TOUT CE CIRQUE POUR UNE BAVURE DE MES SUBORDONNÉS...
... QUI FAIT DE MOI LA CIBLE D'UNE ÉNIÈME QUÊTE DE VENGEANCE.
NE T'ENFLAMME PAS, CONNARD.
MA COLLÈGUE EST LA MEILLEURE DÉTECTIVE DE CETTE VILLE.
ELLE BOUCLE JUSTE... UNE NOUVELLE ENQUÊTE.
HA HA HA !
SOYONS HONNÊTES UN INSTANT.
UNE EX-FLIC ET UN ENNEMI PUBLIC ?
ÊTES-VOUS IDIOTS À CE POINT ?
VOUS NE COMPRENEZ PAS ? VOUS ÊTES TOMBÉS SUR UN TROP GROS POISSON.
JE SUIS UN HOMME PUISSANT.
WOOOOOO
VOUS NE POUVEZ RIEN CONTRE MOI.

MONSIEUR SEED ?
OUI ! AIDEZ-MOI !
LIBÉREZ-MOI !
HMM... ÇA NE VA PAS ÊTRE POSSIBLE.
MONSIEUR SEED, CE MATIN, LA POLICE A ENREGISTRÉ LES AVEUX DE MONSIEUR WILLIS.
VOUS ÊTES EN ÉTAT D'ARRESTATION.

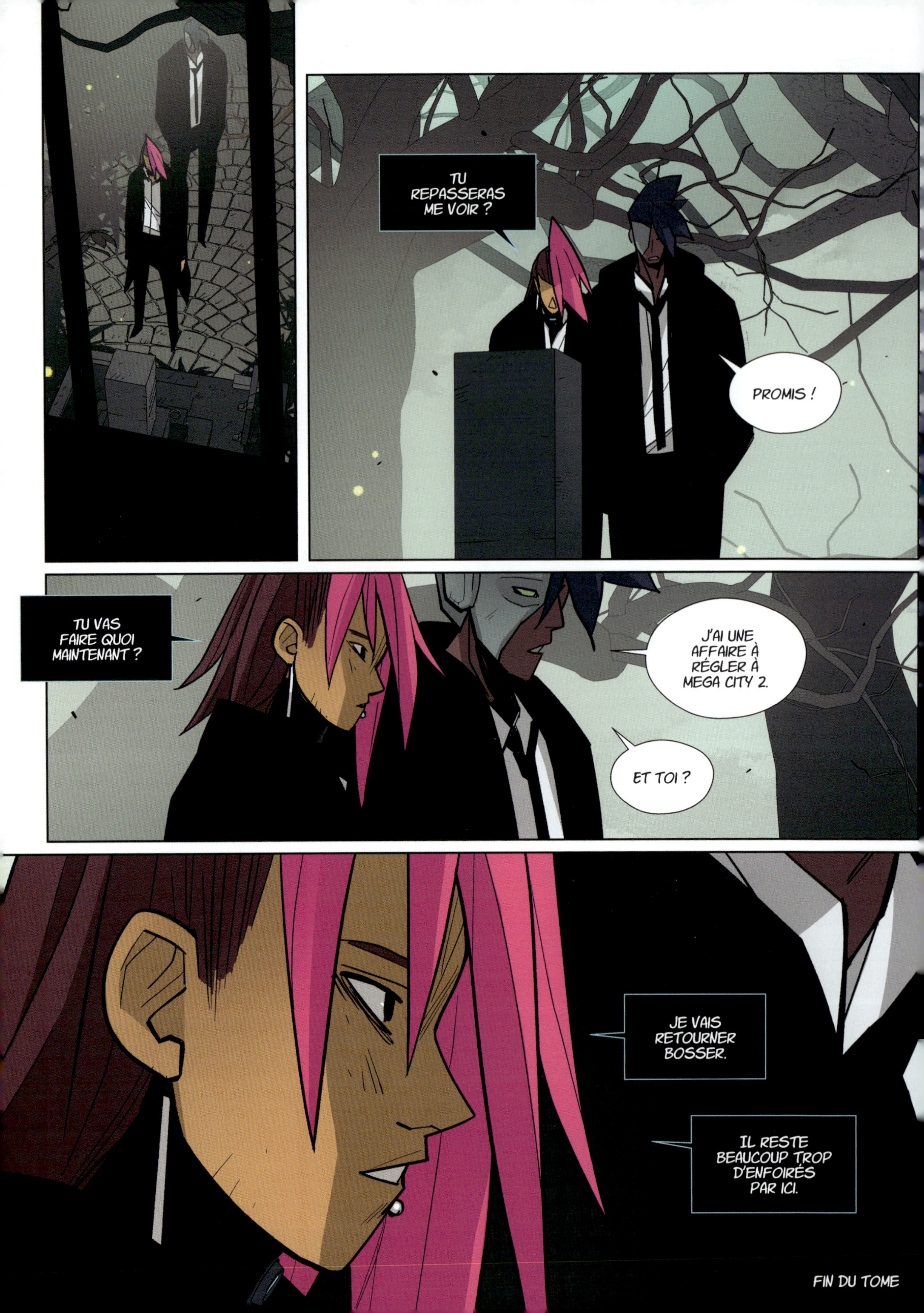
TU REPASSERAS ME VOIR ?
PROMIS !
TU VAS FAIRE QUOI MAINTENANT ?
J'AI UNE AFFAIRE À RÉGLER À MEGA CITY 2.
ET TOI ?
JE VAIS RETOURNER BOSSER.
IL RESTE BEAUCOUP TROP D'ENFOIRÉS PAR ICI.
FIN DU TOME

Couvent Sainte-Cécile – 37 rue Servan – 38000 GRENOBLE

Dépôt Légal : octobre 2023
Achevé d'imprimer en Pologne en septembre 2023 par Drukarnia Interak Sp z.o.o.
sur papier provenant de forêts gérées de manière durable.

www.glenat.com
www.ubisoft.com

PEFC PEFC/32-31-002